Dedicated to my mom and mother-in-law — two inspiring women who taught me how to do it all and have it all — one step at a time.

The Slow Planner

. . . .

For busy entrepreneurs, makers, do-ers, parents, students and anyone motivated to accomplish big dreams while actively seeking to maintain a purposeful, intentional lifestyle. Life is fast; live slowly.

Copyright © 2024

The author reserves all rights to be recognized as the owner of this work. You may not sell or reproduce any part of this book without written consent from the copyright owner.

First hardcover edition: January 2024

Design: Hayley Besheer Santell
Author: Hayley Besheer Santell
Photography: Fallon O'Connor

my story

When I started my first brand MADI Apparel at 23 years old, I wasn't necessarily equipped with the knowledge or habits to know how to not only build a brand but run a brand after it launched. Sure, I gained some tools at my college prep high school and then more at one of the toughest journalism schools in the country at University of Missouri. But when I was in school, no one taught me organization skills.

In the process of founding an ethical fashion brand from scratch, no one warned me I would be pulling the weight and work load of at least a handful of full-time employees because of a tight startup budget. In 2013, there were very few sustainable fashion brands, so I didn't really have many to model or advisors and mentors in similar categories to guide me. So, it was mostly up to me to research, forge new paths and stay focused. The thing is, this meant building my own schedule, staying motivated and figuring out the biggest priorities on my to-do list to tackle first. With no boss and a small team, I rely on my planner more than many can imagine.

I've always had a deep connection to exploring and following the creative gifts I was born with, and I encourage you to do the same. In college, my advisor told me it was nearly impossible to add Fine Arts as a double major to my Journalism degree because the work load would be so grueling. I gained both in less than five years. I've held a part-time job for over a decade to fund my life as a startup founder. At times, with one full-time and one part-time job, this has meant just one day off. I regularly make paintings and mural commissions — sometimes 20-30 hour projects — in my spare time. In 2022, I decided to go back to school and strengthen my fashion skills, so my husband and I lived in Florence, Italy for the summer. And, in 2023, I wrote, designed and self-published a best-selling book called The Art of Ethical Fashion. Also in 2023, I operated my brand MADI Apparel as-is while simaltaneously chipping away at a re-brand of both our store and brand that we'll reveal in 2024 into a new name and concept, Slow Motion Goods. It's tough to run a brand AND launch a new brand at the same time! I make time to pour into my gifts, hobbies, career, friendships, marriage, my role as a daughter and sister and grand-daughter, cousin, etc. Life isn't about our career, but it's PART of it and it takes up so many hours in our day. But what if we could prioritize the most important tasks to help us reach our goals so we have more time to include the things we love and the new things we want to try?

It's easy to let life circumstances, tight finances, or other excuses hold us back from our biggest dreams, but they don't have to! I'm living proof that you can have it all — one step at a time. The only secret: take it day by day and chip away. Maybe that means chipping away at your debt or saving to buy a house one month at a time until you're debt-free or in the home of your dreams.

Maybe it's spending one hour of every morning before work learning a language until you realize a year later you're close to fluent. With managing so many to-dos so I can design and live the life of my dreams, I started to realize that the planner I need doesn't really exist. The weekly planners weren't big enough for daily to-dos — I found I couldn't fit my work load all in the daily boxes, and the daily planners often had too much fluff to fill in that I'd always skip over. Many planners on the market had a set annual date, so they were unusable after that year. Lastly, one of my life missions in my personal world and at work is to live slowly with kindness and intention. We only have one life and one earth, so it's our job to take care of both. My goal with this planner is to teach you tools and habits to live a slower, conscious life that you're proud of and inspired by. I used to often refer to my days as drowning under water. Today, it's more of a stop and smell the roses vibe :). Together, let's take charge of our days, our priorities and every moment. I can't wait to see what you accomplish!

a simple, intentional setup

SOMETIMES THE SET-UP IS JUST AS IMPORTANT AS THE FINISH LINE. THINK OF A PROFESSIONAL ATHLETE IN TRAINING. WE RARELY SEE THE GRIND THEY PUT IN BEHIND-THE-SCENES, BUT EACH SECOND OF PREPARATION WILL PAY OFF.

1. Start by filling out the number dates on the monthly calendar and daily glance. In honor of keeping waste slim, this planner is designed to be used for any calendar year and to start at any point in that year. For the same reason, I haven't listed holidays, so make sure to fill those in!

2. Block out time to really think about your lifetime, annual and monthly goals. Perhaps take some notes and read over them before intentionally dropping them in the planner. These are important. We only get one life, so let's spend our days reaching for our dreamist of dreams and doing the things we love.

3. After creating space to think about your goals, record them in the lifetime, annual and monthly goals sections.

4. Fill in special events that you want to stay aware of like birthdays, concerts and vacations. I recommend double recording these important events in your phone or computer calendar with an attached alert as well.

5. The graph paper and dotted line sections are for artists, creatives, non-traditional list-makers or anyone who thinks outside the lines :). Don't be afraid to sketch your visions, dream house layout, fashion and product designs or anything that big beautiful brain of yours wants to jot down. I always wished I had a planner that included these, so here we go!

navigating the slow planner

NOW THAT IT'S ALL SET UP, LET'S TALK ABOUT HOW TO USE IT! WE'LL WALK THROUGH HOW TO TACKLE EACH SECTION EFFECTIVELY, EFFICIENTLY AND WITH PURPOSE, INCLUDING A FEW SECRET PLANNER TRICKS. SLOWLY BUT SURELY, WE'LL TAKE IT ONE STEP AT A TIME!

MONTHLY CALENDAR VIEW (PG 5)

As mentioned (left), start by marking all major holidays, birthdays and dates to remember. As the months go by and new important dates, vacations, etc., pop up, you can continue to add them into the monthly calendar view.

LIFETIME GOALS (PG 10)

We can't accomplish our monthly or annual GOals if we don't know where we're GOing, ya feel me? We often get so caught up in the day-to-day that we don't think about the purpose of life. What is your mission as a human on Earth? If you could accomplish anything, what would that look like? Shoot for the stars, and dream a little! Examples of three lifetime goals might be: growth in personal health and connection to the Universe, prioritize time for me and my family, develop a career that makes me happy.

ANNUAL GOALS (PG 12)

When planning your annual goals, look back on your lifetime goals. Make sure your annual goals intentionally align with your lifetime goals. If not, you'll be headed down the wrong track. I like to pick 5-10 big annual goals. These goals should feel a bit daunting and challenging so you can look back years later and feel proud. Push yourself, I believe in you! Next to each goal, mark a goal date or month that you'd like to complete it by.

MONTHLY GOALS:

Each month, look back on your annual goals. Break down each goal into smaller tasks that will lead you to that goal, and focus on accomplishing them one step at a time. Start by breaking up the most timely 1-2 goals into your first month or two. List these on your monthly calendar (right side column.) You'll then break those broken down monthly goals into weekly to-dos.

WEEKLY BRAIN DUMP:

Sometimes, our brains are full of so many things to keep track of and balance like work load, taking care of family members, house chores and projects, a memory or interaction you don't want to forget, etc. Studies show that brain dumping with pen to paper lowers stress and improves memory. The goal with this novel-like planner is to be your one go-to journal, planner and personal assistant all in one. But if you need more brain dumping in your life, grab my newest planner tool, The Slow Journal, to keep in your purse or by your bedside.

WEEKLY TO-DOS:

You'll find 52 of these — one before each week ahead. List your most important and urgent tasks for the upcoming week that will help you reach your monthly and annual goals. You may find a few in your monthly brain dump. You don't have to have it all figured out by the start of the week. In fact, you likely won't. As more to-dos sprout up throughout the week, add them to the list, but don't overdo it. You also have next week.

DAILY TO-DOS

1. Start with just the day ahead. Look back on your weekly to-dos and
record the MOST urgent and important three into Monday's Priority To-Dos.
2. Again, starting with the most urgent and important, pull a few more weekly to-dos into Monday's "Additional To-Dos" to tackle if time allows. Any unfinished, you'll pull into the Priority To-Dos for the following day to make sure they get done.
3. On Tuesday morning, go through the same flow. Look back on your weekly to-dos (or any that weren't completed from Monday) and record the next three most urgent to-dos into Tuesday's Priority To-Dos, and so on.

DAILY TIME BLOCK:

1. This should include scheduled meetings, checking emails (ideally only once per day,) events and personal care at set times. After set appointment times are blocked in, start pulling over your three priority to-dos - as early in the day as possible - in 1-2 hour time blocks for each priority task, depending on how long you predict they'll take to finish.
2. After blocking in your appointments, personal care moments and top three tasks, if there's any time left to block in, start pulling over your lower priority daily to-dos.
3. Move any unfinished to-dos from that day over to the next day. Any uncompleted to-dos at the end of the week, bump to Monday of the week ahead under Priority To-Dos. Remember, always complete your most urgent to-dos and don't let the whirlwind of other noise that will hit your plate interuppt that flow.
4. Once each task is completed, I recommend filling in the completion circle AND highlighting it (instead of crossing through) for a satisfying pat on the back. You'll find that as the week comes to a close, you'll likely have all or most of your to-dos slowly and intentionally checked/highlighted off.

my personal tips

TIME BLOCKING

Take 30 minutes at the start of your day to plan your day. Then, set a timer and/or refer back to your planner and ONLY accomplish what you've planned in your time block daily schedule. This way, you won't be distracted by a constrant stream of emails, texts, calls, social media, etc., that will promise to constantly ping you. Put the phone away and keep your planner out as a guide. You will feel SO much more satisfied and productive.

THE HIGHLIGHTER IS YOUR NEW BEST FRIEND

Highlight completed to-dos, don't them cross off. A friend on my basketball team in high school taught me this trick, and I've never gone back to the ugly messy days of crossing off to-dos :). Highlighter is the cleaner, more satisying version. In most of the Slow Planner to-do lists, I've left a circle to the left to fill in if you prefer this to highlighting. Or, you can fill it the circle in AND highlight the completed to-dos like I do!

GET IN A HABIT

I recommend only filling out the daily top 3 priorities and time block either that morning or the night before. Doing it too soon can leave a more urgent to-do behind.

CREATE SPACE FOR HOBBIES AND NON-WORK GOALS

In 2023, I wrote, designed and self-published my first book in October simply by waking up early before work every day. But remember, you can't work yourself to death without committing to also blocking out free time for you and your loved ones. For example, I woke up early for a year before my husband was even awake to work on my book. I promised myself no work after 5pm so that I have the evenings to spend with him and/or friends and family. Make sure you consider compromises and personal non-negotiables like this before your schedule dictates your day for you.

DON'T FORGET TO SCHEDULE PERSONAL CARE

This is in addition to hobbies and non-work goals. Consider scheduling these:
1. A few daily walks for some fresh air and a break outside
2. Time at the gym. I suggest scheduling fitness classes or meeting a friend at a set time for weights. Scheduled plans are harder to miss.
3. Lunch with a friend or a mid-day solo break
4. If you need a night to yourself, add it to your daily time block in the evening so you make sure other events don't get in the way. Sometimes we have to write these things down to make them a priority!
5. A monthly massage or even monthly date with a loved one. Both are proven to relieve stress and give you something to look forward to.
6. At least one hour a day (can be broken up into smaller chunks throughout day) where you are doing NOTHING but thinking. When we're constantly in grind mode, we're burned of creative thoughts and ideas. This time can be driving with no radio, walking on the treadmill with no music, etc.

lifetime goals

WHAT IS YOUR MISSION AS A HUMAN ON EARTH? IF YOU COULD ACCOMPLISH ANYTHING, WHAT WOULD THAT LOOK LIKE? I RECOMMEND REALLY TAKING A DEEP SOUL DIVE AND FOCUSING ON ONLY A HANDFUL OF LIFETIME GOALS. IF YOU LOOK BACK ON YOUR LIFE 50 YEARS FROM NOW, THESE ARE THE THINGS THAT SHOULD REALLY MATTER TO YOU. WOULD YOU CARE ABOUT PHYSICAL OBJECTS? MONETARY GROWTH? A TIGHT KNIT FAMILY UNIT? BUILDING THE HOME OF YOUR DREAMS? A DEEP CONNECTION TO YOURSELF AND THE UNIVERSE? LIST A HANDFUL OF GOALS YOU TRULY CARE ABOUT ACHIEVING. DON'T FORGET TO INTENTIONALLY REFER BACK TO THEM AS YOU CONTINUE TO FILL IN YOUR ANNUAL GOALS AND MONTHLY/DAILY PRIORITIES.

1 _____

2 _____

3 _____

4 _____

5 _____

"IF WE DON'T HAVE A DIRECTION TO CHASE, WE'LL NEVER GO ANYWHERE."

HAYLEY BESHEER SANTELL

annual goals

IF YOU COULD ACCOMPLISH ANYTHING THIS YEAR, WHAT WOULD YOU GO AFTER? DON'T FORGET TO MAKE SURE THEY ALIGN WITH YOUR LIFETIME GOALS.

WELLNESS GOALS

1. _____
2. _____
3. _____

FAMILY AND FRIENDS GOALS

1. _____
2. _____
3. _____

CAREER GOALS

1. _____
2. _____
3. _____

FINANCIAL GOALS

1 _____

2 _____

3 _____

CREATIVE GOALS

1 _____

2 _____

3 _____

GOALS

1 _____

2 _____

3 _____

annual brain dump

SOMETIMES OUR BRAINS ARE FULL OF IDEAS, IMAGES, DREAMS, GOALS, MEMORIES AND PLANS FOR THE YEAR AHEAD THAT WE DON'T WANT TO FORGET BUT WE OFTEN DON'T KNOW WHERE TO KEEP. DUMP THEM, DRAW THEM, STORE THEM HERE, AND REFER BACK TO THEM AS MUCH AS YOU'D LIKE.

monthly calendar

MONTH _____

MON	TUES	WED	THU

FRI	SAT	SUN	PROJECTS + GOALS

monthly calendar

MONTH _____

MON	TUES	WED	THU

FRI	SAT	SUN	PROJECTS + GOALS

monthly calendar

MONTH _____

MON	TUES	WED	THU

FRI	SAT	SUN	PROJECTS + GOALS

monthly calendar

MONTH _____

MON	TUES	WED	THU

FRI	SAT	SUN	PROJECTS + GOALS

monthly calendar

MONTH _____

MON	TUES	WED	THU

FRI	SAT	SUN	PROJECTS + GOALS

monthly calendar

MONTH _____

MON	TUES	WED	THU

FRI	SAT	SUN	PROJECTS + GOALS

monthly calendar

MONTH _____

MON	TUES	WED	THU

FRI	SAT	SUN	PROJECTS + GOALS

monthly calendar

MONTH _____

MON	TUES	WED	THU

FRI	SAT	SUN	PROJECTS + GOALS

monthly calendar

MONTH _____

MON	TUES	WED	THU

FRI	SAT	SUN	PROJECTS + GOALS

monthly calendar

MONTH _____

MON	TUES	WED	THU

FRI	SAT	SUN	PROJECTS + GOALS

monthly calendar

MONTH _____

MON	TUES	WED	THU

FRI	SAT	SUN	PROJECTS + GOALS

monthly calendar

MONTH _____

MON	TUES	WED	THU

FRI	SAT	SUN	PROJECTS + GOALS

monthly brain-dump

SOMETIMES OUR BRAINS ARE FULL OF IDEAS, IMAGES, DREAMS, GOALS, MEMORIES, PLANS, ETC., THAT WE DON'T WANT TO FORGET BUT WE OFTEN DON'T KNOW WHERE TO KEEP. DUMP THEM, DRAW THEM, STORE THEM HERE, AND REFER BACK TO THEM AS MUCH AS YOU'D LIKE.

week ahead to-dos

LIST YOUR MOST IMPORTANT TASKS FOR THE UPCOMING WEEK THAT WILL HELP YOU SLOWLY AND INTENTIONALLY REACH YOUR MONTHLY AND ANNUAL GOALS. FLIP BACK TO "NAVIGATING THE SLOW PLANNER" FOR MY FULL GUIDE.

monday

DATE: ___ / ___ / ___

PRIORITY TO-DOS

○ 1 _____
○ 2 _____
○ 3 _____

ADDITIONAL DAILY TO-DOS

○ _____
○ _____
○ _____

DAILY TIME BLOCK

7am	
8am	
9am	
10am	
11am	
12pm	
1pm	
2pm	
3pm	
4pm	
5pm	
Evening	
Notes	

tuesday

DATE: ___ / ___ / ___

PRIORITY TO-DOS

○ 1 _____

○ 2 _____

○ 3 _____

ADDITIONAL DAILY TO-DOS

○ _____
○ _____
○ _____

DAILY TIME BLOCK

7am

8am

9am

10am

11am

12pm

1pm

2pm

3pm

4pm

5pm

Evening

Notes

wednesday

DATE: ___ / ___ / ___

PRIORITY TO-DOS

○ 1 _____

○ 2 _____

○ 3 _____

ADDITIONAL DAILY TO-DOS

○ _____

○ _____

○ _____

DAILY TIME BLOCK

7am

8am

9am

10am

11am

12pm

1pm

2pm

3pm

4pm

5pm

Evening

Notes

thursday

DATE: ___ / ___ / ___

PRIORITY TO-DOS

○ 1 _____

○ 2 _____

○ 3 _____

ADDITIONAL DAILY TO-DOS

○ _____
○ _____
○ _____

DAILY TIME BLOCK

7am _____
8am _____
9am _____
10am _____
11am _____
12pm _____
1pm _____
2pm _____
3pm _____
4pm _____
5pm _____
Evening _____
Notes _____

friday

DATE: ___ / ___ / ___

PRIORITY TO-DOS

- ○ 1 _____
- ○ 2 _____
- ○ 3 _____

ADDITIONAL DAILY TO-DOS

- ○ _____
- ○ _____
- ○ _____

DAILY TIME BLOCK

Time	
7am	
8am	
9am	
10am	
11am	
12pm	
1pm	
2pm	
3pm	
4pm	
5pm	
Evening	
Notes	

saturday

DATE: /   /

EVENTS / SELF-CARE MOMENTS / TO-DOS

morning
_____
_____

mid day
_____
_____

evening
_____
_____

sunday

DATE: /   /

EVENTS / SELF-CARE MOMENTS / TO-DOS

morning
_____
_____

mid day
_____
_____

evening
_____
_____

week ahead to-dos

LIST YOUR MOST IMPORTANT TASKS FOR THE UPCOMING WEEK THAT WILL HELP YOU SLOWLY AND INTENTIONALLY REACH YOUR MONTHLY AND ANNUAL GOALS. FLIP BACK TO "NAVIGATING THE SLOW PLANNER" FOR MY FULL GUIDE.

- ○ _____
- ○ _____
- ○ _____
- ○ _____
- ○ _____
- ○ _____
- ○ _____
- ○ _____
- ○ _____
- ○ _____
- ○ _____
- ○ _____
- ○ _____
- ○ _____
- ○ _____
- ○ _____
- ○ _____
- ○ _____
- ○ _____
- ○ _____
- ○ _____
- ○ _____
- ○ _____

monday

DATE: / /

PRIORITY TO-DOS

○ 1 _____

○ 2 _____

○ 3 _____

ADDITIONAL DAILY TO-DOS

○ _____

○ _____

○ _____

DAILY TIME BLOCK

7am	
8am	
9am	
10am	
11am	
12pm	
1pm	
2pm	
3pm	
4pm	
5pm	
Evening	
Notes	

tuesday

DATE: ____ / ____ / ____

PRIORITY TO-DOS

◯ 1 _____
◯ 2 _____
◯ 3 _____

ADDITIONAL DAILY TO-DOS

◯ _____
◯ _____
◯ _____

DAILY TIME BLOCK

7am
8am
9am
10am
11am
12pm
1pm
2pm
3pm
4pm
5pm
Evening
Notes

wednesday

DATE: / /

PRIORITY TO-DOS

○ 1 _____

○ 2 _____

○ 3 _____

ADDITIONAL DAILY TO-DOS

○ _____

○ _____

○ _____

DAILY TIME BLOCK

Time	
7am	
8am	
9am	
10am	
11am	
12pm	
1pm	
2pm	
3pm	
4pm	
5pm	
Evening	
Notes	

thursday

DATE: ___ / ___ / ___

PRIORITY TO-DOS

○ 1 _____
○ 2 _____
○ 3 _____

ADDITIONAL DAILY TO-DOS

○ _____
○ _____
○ _____

DAILY TIME BLOCK

7am
8am
9am
10am
11am
12pm
1pm
2pm
3pm
4pm
5pm
Evening
Notes

friday

DATE: ___ / ___ / ___

PRIORITY TO-DOS

○ 1 _____

○ 2 _____

○ 3 _____

ADDITIONAL DAILY TO-DOS

○ _____

○ _____

○ _____

DAILY TIME BLOCK

7am

8am

9am

10am

11am

12pm

1pm

2pm

3pm

4pm

5pm

Evening

Notes

saturday

DATE: / /

EVENTS / SELF-CARE MOMENTS / TO-DOS

morning

mid day

evening

sunday

DATE: / /

EVENTS / SELF-CARE MOMENTS / TO-DOS

morning

mid day

evening

week ahead to-dos

LIST YOUR MOST IMPORTANT TASKS FOR THE UPCOMING WEEK THAT WILL HELP YOU SLOWLY AND INTENTIONALLY REACH YOUR MONTHLY AND ANNUAL GOALS. FLIP BACK TO "NAVIGATING THE SLOW PLANNER" FOR MY FULL GUIDE.

○ _____
○ _____
○ _____
○ _____
○ _____
○ _____
○ _____
○ _____
○ _____
○ _____
○ _____
○ _____
○ _____
○ _____
○ _____
○ _____
○ _____
○ _____
○ _____
○ _____
○ _____
○ _____
○ _____
○ _____

monday

DATE: /   /

PRIORITY TO-DOS

- ◯ 1 _____
- ◯ 2 _____
- ◯ 3 _____

ADDITIONAL DAILY TO-DOS

- ◯ _____
- ◯ _____
- ◯ _____

DAILY TIME BLOCK

Time	
7am	
8am	
9am	
10am	
11am	
12pm	
1pm	
2pm	
3pm	
4pm	
5pm	
Evening	
Notes	

tuesday

DATE: __ / __ / __

PRIORITY TO-DOS

◯ 1 _____
◯ 2 _____
◯ 3 _____

ADDITIONAL DAILY TO-DOS

◯ _____
◯ _____
◯ _____

DAILY TIME BLOCK

7am
8am
9am
10am
11am
12pm
1pm
2pm
3pm
4pm
5pm
Evening
Notes

wednesday

DATE: ___ / ___ / ___

PRIORITY TO-DOS

○ 1 _____
○ 2 _____
○ 3 _____

ADDITIONAL DAILY TO-DOS

○ _____
○ _____
○ _____

DAILY TIME BLOCK

Time	
7am	
8am	
9am	
10am	
11am	
12pm	
1pm	
2pm	
3pm	
4pm	
5pm	
Evening	
Notes	

thursday

DATE: _____ / _____ / _____

PRIORITY TO-DOS

○ 1 _____

○ 2 _____

○ 3 _____

ADDITIONAL DAILY TO-DOS

○ _____
○ _____
○ _____

DAILY TIME BLOCK

7am	
8am	
9am	
10am	
11am	
12pm	
1pm	
2pm	
3pm	
4pm	
5pm	
Evening	
Notes	

friday

DATE: / /

PRIORITY TO-DOS

○ 1 _____

○ 2 _____

○ 3 _____

ADDITIONAL DAILY TO-DOS

○ _____
○ _____
○ _____

DAILY TIME BLOCK

7am

8am

9am

10am

11am

12pm

1pm

2pm

3pm

4pm

5pm

Evening

Notes

saturday

DATE: /   /

EVENTS / SELF-CARE MOMENTS / TO-DOS

morning
_____
_____

mid day
_____
_____

evening
_____
_____

sunday

DATE: /   /

EVENTS / SELF-CARE MOMENTS / TO-DOS

morning
_____
_____

mid day
_____
_____

evening
_____
_____

week ahead to-dos

LIST YOUR MOST IMPORTANT TASKS FOR THE UPCOMING WEEK THAT WILL HELP YOU SLOWLY AND INTENTIONALLY REACH YOUR MONTHLY AND ANNUAL GOALS. FLIP BACK TO "NAVIGATING THE SLOW PLANNER" FOR MY FULL GUIDE.

monday

DATE: ___ / ___ / ___

PRIORITY TO-DOS

○ 1 _____

○ 2 _____

○ 3 _____

ADDITIONAL DAILY TO-DOS

○ _____

○ _____

○ _____

DAILY TIME BLOCK

7am

8am

9am

10am

11am

12pm

1pm

2pm

3pm

4pm

5pm

Evening

Notes

tuesday

DATE: ___ / ___ / ___

PRIORITY TO-DOS

○ 1 _____

○ 2 _____

○ 3 _____

ADDITIONAL DAILY TO-DOS

○ _____
○ _____
○ _____

DAILY TIME BLOCK

7am	
8am	
9am	
10am	
11am	
12pm	
1pm	
2pm	
3pm	
4pm	
5pm	
Evening	
Notes	

wednesday

DATE: ___ / ___ / ___

PRIORITY TO-DOS

○ 1 _____
○ 2 _____
○ 3 _____

ADDITIONAL DAILY TO-DOS

○ _____
○ _____
○ _____

DAILY TIME BLOCK

7am
8am
9am
10am
11am
12pm
1pm
2pm
3pm
4pm
5pm
Evening
Notes

thursday

DATE: ___ / ___ / ___

PRIORITY TO-DOS

○ 1 _____
○ 2 _____
○ 3 _____

ADDITIONAL DAILY TO-DOS

○ _____
○ _____
○ _____

DAILY TIME BLOCK

7am _____
8am _____
9am _____
10am _____
11am _____
12pm _____
1pm _____
2pm _____
3pm _____
4pm _____
5pm _____
Evening _____
Notes _____

friday

DATE: / /

PRIORITY TO-DOS

○ 1 _____

○ 2 _____

○ 3 _____

ADDITIONAL DAILY TO-DOS

○ _____

○ _____

○ _____

DAILY TIME BLOCK

7am

8am

9am

10am

11am

12pm

1pm

2pm

3pm

4pm

5pm

Evening

Notes

saturday

DATE: / /

EVENTS / SELF-CARE MOMENTS / TO-DOS

morning

mid day

evening

sunday

DATE: / /

EVENTS / SELF-CARE MOMENTS / TO-DOS

morning

mid day

evening

week ahead to-dos

LIST YOUR MOST IMPORTANT TASKS FOR THE UPCOMING WEEK THAT WILL HELP YOU SLOWLY AND INTENTIONALLY REACH YOUR MONTHLY AND ANNUAL GOALS. FLIP BACK TO "NAVIGATING THE SLOW PLANNER" FOR MY FULL GUIDE.

○ _____
○ _____
○ _____
○ _____
○ _____
○ _____
○ _____
○ _____
○ _____
○ _____
○ _____
○ _____
○ _____
○ _____
○ _____
○ _____
○ _____
○ _____
○ _____
○ _____
○ _____
○ _____
○ _____

monday

DATE: ___/___/___

PRIORITY TO-DOS

○ 1 _____
○ 2 _____
○ 3 _____

ADDITIONAL DAILY TO-DOS

○ _____
○ _____
○ _____

DAILY TIME BLOCK

Time	
7am	
8am	
9am	
10am	
11am	
12pm	
1pm	
2pm	
3pm	
4pm	
5pm	
Evening	
Notes	

tuesday

DATE: /   /

PRIORITY TO-DOS

○ 1 _____
○ 2 _____
○ 3 _____

ADDITIONAL DAILY TO-DOS

○ _____
○ _____
○ _____

DAILY TIME BLOCK

Time	
7am	
8am	
9am	
10am	
11am	
12pm	
1pm	
2pm	
3pm	
4pm	
5pm	
Evening	
Notes	

wednesday

DATE: ___ / ___ / ___

PRIORITY TO-DOS

○ 1 _____

○ 2 _____

○ 3 _____

ADDITIONAL DAILY TO-DOS

○ _____
○ _____
○ _____

DAILY TIME BLOCK

7am
8am
9am
10am
11am
12pm
1pm
2pm
3pm
4pm
5pm
Evening
Notes

thursday

DATE: ___ / ___ / ___

PRIORITY TO-DOS

○ 1 _____

○ 2 _____

○ 3 _____

ADDITIONAL DAILY TO-DOS

○ _____
○ _____
○ _____

DAILY TIME BLOCK

7am
8am
9am
10am
11am
12pm
1pm
2pm
3pm
4pm
5pm
Evening
Notes

friday

DATE: ___ / ___ / ___

PRIORITY TO-DOS

○ 1 _____
○ 2 _____
○ 3 _____

ADDITIONAL DAILY TO-DOS

○ _____
○ _____
○ _____

DAILY TIME BLOCK

7am
8am
9am
10am
11am
12pm
1pm
2pm
3pm
4pm
5pm
Evening
Notes

saturday

DATE: /   /

EVENTS / SELF-CARE MOMENTS / TO-DOS

morning
_____
_____
_____

mid day
_____
_____
_____

evening
_____
_____
_____

sunday

DATE: /   /

EVENTS / SELF-CARE MOMENTS / TO-DOS

morning
_____
_____
_____

mid day
_____
_____
_____

evening
_____
_____
_____

monthly brain-dump

SOMETIMES OUR BRAINS ARE FULL OF IDEAS, IMAGES, DREAMS, GOALS, MEMORIES, PLANS, ETC., THAT WE DON'T WANT TO FORGET BUT WE OFTEN DON'T KNOW WHERE TO KEEP. DUMP THEM, DRAW THEM, STORE THEM HERE, AND REFER BACK TO THEM AS MUCH AS YOU'D LIKE.

week ahead to-dos

LIST YOUR MOST IMPORTANT TASKS FOR THE UPCOMING WEEK THAT WILL HELP YOU SLOWLY AND INTENTIONALLY REACH YOUR MONTHLY AND ANNUAL GOALS. FLIP BACK TO "NAVIGATING THE SLOW PLANNER" FOR MY FULL GUIDE.

- ○ _____
- ○ _____
- ○ _____
- ○ _____
- ○ _____
- ○ _____
- ○ _____
- ○ _____
- ○ _____
- ○ _____
- ○ _____
- ○ _____
- ○ _____
- ○ _____
- ○ _____
- ○ _____
- ○ _____
- ○ _____
- ○ _____
- ○ _____
- ○ _____
- ○ _____

monday

DATE: / /

PRIORITY TO-DOS

○ 1 _____
○ 2 _____
○ 3 _____

ADDITIONAL DAILY TO-DOS

○ _____
○ _____
○ _____

DAILY TIME BLOCK

7am
8am
9am
10am
11am
12pm
1pm
2pm
3pm
4pm
5pm
Evening
Notes

tuesday

DATE: /   /

PRIORITY TO-DOS

- ◯ 1 _____
- ◯ 2 _____
- ◯ 3 _____

ADDITIONAL DAILY TO-DOS

- ◯ _____
- ◯ _____
- ◯ _____

DAILY TIME BLOCK

Time	
7am	
8am	
9am	
10am	
11am	
12pm	
1pm	
2pm	
3pm	
4pm	
5pm	
Evening	
Notes	

wednesday

DATE: /   /

PRIORITY TO-DOS

○ 1 _____

○ 2 _____

○ 3 _____

ADDITIONAL DAILY TO-DOS

○ _____
○ _____
○ _____

DAILY TIME BLOCK

Time	
7am	
8am	
9am	
10am	
11am	
12pm	
1pm	
2pm	
3pm	
4pm	
5pm	
Evening	
Notes	

thursday

DATE: ___ / ___ / ___

PRIORITY TO-DOS

○ 1 _____

○ 2 _____

○ 3 _____

ADDITIONAL DAILY TO-DOS

○ _____
○ _____
○ _____

DAILY TIME BLOCK

7am _____
8am _____
9am _____
10am _____
11am _____
12pm _____
1pm _____
2pm _____
3pm _____
4pm _____
5pm _____
Evening _____
Notes _____
_____

friday

DATE: / /

PRIORITY TO-DOS

○ 1 _____

○ 2 _____

○ 3 _____

ADDITIONAL DAILY TO-DOS

○ _____
○ _____
○ _____

DAILY TIME BLOCK

7am
8am
9am
10am
11am
12pm
1pm
2pm
3pm
4pm
5pm
Evening

Notes

saturday

DATE: ___ / ___ / ___

EVENTS / SELF-CARE MOMENTS / TO-DOS

morning
_____
_____
_____

mid day
_____
_____
_____

evening
_____
_____
_____

sunday

DATE: ___ / ___ / ___

EVENTS / SELF-CARE MOMENTS / TO-DOS

morning
_____
_____
_____

mid day
_____
_____
_____

evening
_____
_____
_____

week ahead to-dos

LIST YOUR MOST IMPORTANT TASKS FOR THE UPCOMING WEEK THAT WILL HELP YOU SLOWLY AND INTENTIONALLY REACH YOUR MONTHLY AND ANNUAL GOALS. FLIP BACK TO "NAVIGATING THE SLOW PLANNER" FOR MY FULL GUIDE.

- ○ _____
- ○ _____
- ○ _____
- ○ _____
- ○ _____
- ○ _____
- ○ _____
- ○ _____
- ○ _____
- ○ _____
- ○ _____
- ○ _____
- ○ _____
- ○ _____
- ○ _____
- ○ _____
- ○ _____
- ○ _____
- ○ _____
- ○ _____
- ○ _____
- ○ _____
- ○ _____
- ○ _____

monday

DATE: ___ / ___ / ___

PRIORITY TO-DOS

○ 1 _____

○ 2 _____

○ 3 _____

ADDITIONAL DAILY TO-DOS

○ _____

○ _____

○ _____

DAILY TIME BLOCK

7am	
8am	
9am	
10am	
11am	
12pm	
1pm	
2pm	
3pm	
4pm	
5pm	
Evening	
Notes	

tuesday

DATE: /   /

PRIORITY TO-DOS

○ 1 _____
○ 2 _____
○ 3 _____

ADDITIONAL DAILY TO-DOS

○ _____
○ _____
○ _____

DAILY TIME BLOCK

7am
8am
9am
10am
11am
12pm
1pm
2pm
3pm
4pm
5pm
Evening
Notes

wednesday

DATE: /   /

PRIORITY TO-DOS

○ 1 _____
○ 2 _____
○ 3 _____

ADDITIONAL DAILY TO-DOS

○ _____
○ _____
○ _____

DAILY TIME BLOCK

7am
8am
9am
10am
11am
12pm
1pm
2pm
3pm
4pm
5pm
Evening
Notes

thursday

DATE: ___ / ___ / ___

PRIORITY TO-DOS

○ 1 _____

○ 2 _____

○ 3 _____

ADDITIONAL DAILY TO-DOS

○ _____
○ _____
○ _____

DAILY TIME BLOCK

Time	
7am	
8am	
9am	
10am	
11am	
12pm	
1pm	
2pm	
3pm	
4pm	
5pm	
Evening	
Notes	

friday

DATE: ___/___/___

PRIORITY TO-DOS

○ 1 _____

○ 2 _____

○ 3 _____

ADDITIONAL DAILY TO-DOS

○ _____
○ _____
○ _____

DAILY TIME BLOCK

7am _____
8am _____
9am _____
10am _____
11am _____
12pm _____
1pm _____
2pm _____
3pm _____
4pm _____
5pm _____
Evening _____
Notes _____

saturday

DATE: / /

EVENTS / SELF-CARE MOMENTS / TO-DOS

morning

___

mid day

___

evening

___

sunday

DATE: / /

EVENTS / SELF-CARE MOMENTS / TO-DOS

morning

___

mid day

___

evening

week ahead to-dos

LIST YOUR MOST IMPORTANT TASKS FOR THE UPCOMING WEEK THAT WILL HELP YOU SLOWLY AND INTENTIONALLY REACH YOUR MONTHLY AND ANNUAL GOALS. FLIP BACK TO "NAVIGATING THE SLOW PLANNER" FOR MY FULL GUIDE

○ _____
○ _____
○ _____
○ _____
○ _____
○ _____
○ _____
○ _____
○ _____
○ _____
○ _____
○ _____
○ _____
○ _____
○ _____
○ _____
○ _____
○ _____
○ _____
○ _____
○ _____
○ _____

monday

DATE: /   /

PRIORITY TO-DOS

◯ 1 _____

◯ 2 _____

◯ 3 _____

ADDITIONAL DAILY TO-DOS

◯ _____

◯ _____

◯ _____

DAILY TIME BLOCK

Time	
7am	
8am	
9am	
10am	
11am	
12pm	
1pm	
2pm	
3pm	
4pm	
5pm	
Evening	
Notes	

tuesday

DATE: ___ / ___ / ___

PRIORITY TO-DOS

○ 1 _____
○ 2 _____
○ 3 _____

ADDITIONAL DAILY TO-DOS

○ _____
○ _____
○ _____

DAILY TIME BLOCK

7am
8am
9am
10am
11am
12pm
1pm
2pm
3pm
4pm
5pm
Evening
Notes

wednesday

DATE: / /

PRIORITY TO-DOS

○ 1 _____

○ 2 _____

○ 3 _____

ADDITIONAL DAILY TO-DOS

○ _____
○ _____
○ _____

DAILY TIME BLOCK

7am _____
8am _____
9am _____
10am _____
11am _____
12pm _____
1pm _____
2pm _____
3pm _____
4pm _____
5pm _____
Evening _____
Notes _____

thursday

DATE: / /

PRIORITY TO-DOS

○ 1 _____

○ 2 _____

○ 3 _____

ADDITIONAL DAILY TO-DOS

○ _____
○ _____
○ _____

DAILY TIME BLOCK

7am _____

8am _____

9am _____

10am _____

11am _____

12pm _____

1pm _____

2pm _____

3pm _____

4pm _____

5pm _____

Evening _____

Notes _____

friday

DATE: ___ / ___ / ___

PRIORITY TO-DOS

○ 1 _____

○ 2 _____

○ 3 _____

ADDITIONAL DAILY TO-DOS

○ _____
○ _____
○ _____

DAILY TIME BLOCK

7am	
8am	
9am	
10am	
11am	
12pm	
1pm	
2pm	
3pm	
4pm	
5pm	
Evening	
Notes	

saturday

DATE: / /

EVENTS / SELF-CARE MOMENTS / TO-DOS

morning

mid day

evening

sunday

DATE: / /

EVENTS / SELF-CARE MOMENTS / TO-DOS

morning

mid day

evening

week ahead to-dos

LIST YOUR MOST IMPORTANT TASKS FOR THE UPCOMING WEEK THAT WILL HELP YOU SLOWLY AND INTENTIONALLY REACH YOUR MONTHLY AND ANNUAL GOALS. FLIP BACK TO "NAVIGATING THE SLOW PLANNER" FOR MY FULL GUIDE

- ○ _____
- ○ _____
- ○ _____
- ○ _____
- ○ _____
- ○ _____
- ○ _____
- ○ _____
- ○ _____
- ○ _____
- ○ _____
- ○ _____
- ○ _____
- ○ _____
- ○ _____
- ○ _____
- ○ _____
- ○ _____
- ○ _____
- ○ _____
- ○ _____
- ○ _____
- ○ _____

monday

DATE: ___ / ___ / ___

PRIORITY TO-DOS

○ 1 _____
○ 2 _____
○ 3 _____

ADDITIONAL DAILY TO-DOS

○ _____
○ _____
○ _____

DAILY TIME BLOCK

Time	
7am	
8am	
9am	
10am	
11am	
12pm	
1pm	
2pm	
3pm	
4pm	
5pm	
Evening	
Notes	

tuesday

DATE: / /

PRIORITY TO-DOS

○ 1 _____
○ 2 _____
○ 3 _____

ADDITIONAL DAILY TO-DOS

○ _____
○ _____
○ _____

DAILY TIME BLOCK

7am
8am
9am
10am
11am
12pm
1pm
2pm
3pm
4pm
5pm
Evening
Notes

wednesday

DATE: /   /

PRIORITY TO-DOS

◯ 1 _____
◯ 2 _____
◯ 3 _____

ADDITIONAL DAILY TO-DOS

◯ _____
◯ _____
◯ _____

DAILY TIME BLOCK

Time	
7am	
8am	
9am	
10am	
11am	
12pm	
1pm	
2pm	
3pm	
4pm	
5pm	
Evening	
Notes	

thursday

DATE: ___ / ___ / ___

PRIORITY TO-DOS

○ 1 _____

○ 2 _____

○ 3 _____

ADDITIONAL DAILY TO-DOS

○ _____
○ _____
○ _____

DAILY TIME BLOCK

7am
8am
9am
10am
11am
12pm
1pm
2pm
3pm
4pm
5pm
Evening
Notes

friday

DATE: / /

PRIORITY TO-DOS

- ◯ 1 _____
- ◯ 2 _____
- ◯ 3 _____

ADDITIONAL DAILY TO-DOS

- ◯ _____
- ◯ _____
- ◯ _____

DAILY TIME BLOCK

Time	
7am	
8am	
9am	
10am	
11am	
12pm	
1pm	
2pm	
3pm	
4pm	
5pm	
Evening	
Notes	

saturday

DATE: / /

EVENTS / SELF-CARE MOMENTS / TO-DOS

morning
_____
_____
_____

mid day
_____
_____
_____

evening
_____
_____
_____

sunday

DATE: / /

EVENTS / SELF-CARE MOMENTS / TO-DOS

morning
_____
_____
_____

mid day
_____
_____
_____

evening
_____
_____
_____

monthly brain-dump

SOMETIMES OUR BRAINS ARE FULL OF IDEAS, IMAGES, DREAMS, GOALS, MEMORIES, PLANS, ETC., THAT WE DON'T WANT TO FORGET BUT WE OFTEN DON'T KNOW WHERE TO KEEP. DUMP THEM, DRAW THEM, STORE THEM HERE, AND REFER BACK TO THEM AS MUCH AS YOU'D LIKE.

week ahead to-dos

LIST YOUR MOST IMPORTANT TASKS FOR THE UPCOMING WEEK THAT WILL HELP YOU SLOWLY AND INTENTIONALLY REACH YOUR MONTHLY AND ANNUAL GOALS. FLIP BACK TO "NAVIGATING THE SLOW PLANNER" FOR MY FULL GUIDE.

- ○ _____
- ○ _____
- ○ _____
- ○ _____
- ○ _____
- ○ _____
- ○ _____
- ○ _____
- ○ _____
- ○ _____
- ○ _____
- ○ _____
- ○ _____
- ○ _____
- ○ _____
- ○ _____
- ○ _____
- ○ _____
- ○ _____
- ○ _____
- ○ _____
- ○ _____
- ○ _____

monday

DATE: ___ / ___ / ___

PRIORITY TO-DOS

○ 1 _____
○ 2 _____
○ 3 _____

ADDITIONAL DAILY TO-DOS

○ _____
○ _____
○ _____

DAILY TIME BLOCK

Time	
7am	
8am	
9am	
10am	
11am	
12pm	
1pm	
2pm	
3pm	
4pm	
5pm	
Evening	
Notes	

tuesday

DATE: ____ / ____ / ____

PRIORITY TO-DOS

○ 1 _____

○ 2 _____

○ 3 _____

ADDITIONAL DAILY TO-DOS

○ _____

○ _____

○ _____

DAILY TIME BLOCK

Time	
7am	
8am	
9am	
10am	
11am	
12pm	
1pm	
2pm	
3pm	
4pm	
5pm	
Evening	
Notes	

wednesday

DATE: / /

PRIORITY TO-DOS

○ 1 _____
○ 2 _____
○ 3 _____

ADDITIONAL DAILY TO-DOS

○ _____
○ _____
○ _____

DAILY TIME BLOCK

7am
8am
9am
10am
11am
12pm
1pm
2pm
3pm
4pm
5pm
Evening
Notes

thursday

DATE: ___ / ___ / ___

PRIORITY TO-DOS

○ 1 _____
○ 2 _____
○ 3 _____

ADDITIONAL DAILY TO-DOS

○ _____
○ _____
○ _____

DAILY TIME BLOCK

7am
8am
9am
10am
11am
12pm
1pm
2pm
3pm
4pm
5pm
Evening
Notes

friday

DATE: ___ / ___ / ___

PRIORITY TO-DOS

○ 1 _____

○ 2 _____

○ 3 _____

ADDITIONAL DAILY TO-DOS

○ _____
○ _____
○ _____

DAILY TIME BLOCK

7am
8am
9am
10am
11am
12pm
1pm
2pm
3pm
4pm
5pm
Evening
Notes

saturday

DATE: / /

EVENTS / SELF-CARE MOMENTS / TO-DOS

morning

mid day

evening

sunday

DATE: / /

EVENTS / SELF-CARE MOMENTS / TO-DOS

morning

mid day

evening

week ahead to-dos

LIST YOUR MOST IMPORTANT TASKS FOR THE UPCOMING WEEK THAT WILL HELP YOU SLOWLY AND INTENTIONALLY REACH YOUR MONTHLY AND ANNUAL GOALS. FLIP BACK TO "NAVIGATING THE SLOW PLANNER" FOR MY FULL GUIDE.

- ○ _____
- ○ _____
- ○ _____
- ○ _____
- ○ _____
- ○ _____
- ○ _____
- ○ _____
- ○ _____
- ○ _____
- ○ _____
- ○ _____
- ○ _____
- ○ _____
- ○ _____
- ○ _____
- ○ _____
- ○ _____
- ○ _____
- ○ _____
- ○ _____
- ○ _____
- ○ _____

monday

DATE: /   /

PRIORITY TO-DOS

○ 1 _____

○ 2 _____

○ 3 _____

ADDITIONAL DAILY TO-DOS

○ _____
○ _____
○ _____

DAILY TIME BLOCK

Time	
7am	
8am	
9am	
10am	
11am	
12pm	
1pm	
2pm	
3pm	
4pm	
5pm	
Evening	
Notes	

tuesday

DATE: / /

PRIORITY TO-DOS

○ 1 _____
○ 2 _____
○ 3 _____

ADDITIONAL DAILY TO-DOS

○ _____
○ _____
○ _____

DAILY TIME BLOCK

7am
8am
9am
10am
11am
12pm
1pm
2pm
3pm
4pm
5pm
Evening
Notes

wednesday

DATE: ___ / ___ / ___

PRIORITY TO-DOS

○ 1 _____

○ 2 _____

○ 3 _____

ADDITIONAL DAILY TO-DOS

○ _____

○ _____

○ _____

DAILY TIME BLOCK

Time	
7am	
8am	
9am	
10am	
11am	
12pm	
1pm	
2pm	
3pm	
4pm	
5pm	
Evening	
Notes	

thursday

DATE: ___ / ___ / ___

PRIORITY TO-DOS

○ 1 _____

○ 2 _____

○ 3 _____

ADDITIONAL DAILY TO-DOS

○ _____
○ _____
○ _____

DAILY TIME BLOCK

7am _____
8am _____
9am _____
10am _____
11am _____
12pm _____
1pm _____
2pm _____
3pm _____
4pm _____
5pm _____
Evening _____
Notes _____

friday

DATE: ___ / ___ / ___

PRIORITY TO-DOS

○ 1 _____

○ 2 _____

○ 3 _____

ADDITIONAL DAILY TO-DOS

○ _____
○ _____
○ _____

DAILY TIME BLOCK

7am	
8am	
9am	
10am	
11am	
12pm	
1pm	
2pm	
3pm	
4pm	
5pm	
Evening	
Notes	

saturday

DATE: / /

EVENTS / SELF-CARE MOMENTS / TO-DOS

morning

mid day

evening

sunday

DATE: / /

EVENTS / SELF-CARE MOMENTS / TO-DOS

morning

mid day

evening

week ahead to-dos

LIST YOUR MOST IMPORTANT TASKS FOR THE UPCOMING WEEK THAT WILL HELP YOU SLOWLY AND INTENTIONALLY REACH YOUR MONTHLY AND ANNUAL GOALS. FLIP BACK TO "NAVIGATING THE SLOW PLANNER" FOR MY FULL GUIDE.

- ○
- ○
- ○
- ○
- ○
- ○
- ○
- ○
- ○
- ○
- ○
- ○
- ○
- ○
- ○
- ○
- ○
- ○
- ○
- ○
- ○
- ○
- ○

monday

DATE: /   /

PRIORITY TO-DOS

○ 1 _____

○ 2 _____

○ 3 _____

ADDITIONAL DAILY TO-DOS

○ _____
○ _____
○ _____

DAILY TIME BLOCK

Time	
7am	
8am	
9am	
10am	
11am	
12pm	
1pm	
2pm	
3pm	
4pm	
5pm	
Evening	
Notes	

tuesday

DATE: ___ / ___ / ___

PRIORITY TO-DOS

○ 1 _____
○ 2 _____
○ 3 _____

ADDITIONAL DAILY TO-DOS

○ _____
○ _____
○ _____

DAILY TIME BLOCK

7am _____
8am _____
9am _____
10am _____
11am _____
12pm _____
1pm _____
2pm _____
3pm _____
4pm _____
5pm _____
Evening _____
Notes _____

wednesday

DATE: ____ / ____ / ____

PRIORITY TO-DOS

○ 1 _____

○ 2 _____

○ 3 _____

ADDITIONAL DAILY TO-DOS

○ _____

○ _____

○ _____

DAILY TIME BLOCK

7am

8am

9am

10am

11am

12pm

1pm

2pm

3pm

4pm

5pm

Evening

Notes

thursday

DATE: ___ / ___ / ___

PRIORITY TO-DOS

○ 1 _____
○ 2 _____
○ 3 _____

ADDITIONAL DAILY TO-DOS

○ _____
○ _____
○ _____

DAILY TIME BLOCK

7am
8am
9am
10am
11am
12pm
1pm
2pm
3pm
4pm
5pm
Evening
Notes

friday

DATE: ___ / ___ / ___

PRIORITY TO-DOS

○ 1 _____
○ 2 _____
○ 3 _____

ADDITIONAL DAILY TO-DOS

○ _____
○ _____
○ _____

DAILY TIME BLOCK

7am
8am
9am
10am
11am
12pm
1pm
2pm
3pm
4pm
5pm
Evening
Notes

saturday

DATE: / /

EVENTS / SELF-CARE MOMENTS / TO-DOS

morning

mid day

evening

sunday

DATE: / /

EVENTS / SELF-CARE MOMENTS / TO-DOS

morning

mid day

evening

week ahead to-dos

LIST YOUR MOST IMPORTANT TASKS FOR THE UPCOMING WEEK THAT WILL HELP YOU SLOWLY AND INTENTIONALLY REACH YOUR MONTHLY AND ANNUAL GOALS. FLIP BACK TO "NAVIGATING THE SLOW PLANNER" FOR MY FULL GUIDE.

- ○ _____
- ○ _____
- ○ _____
- ○ _____
- ○ _____
- ○ _____
- ○ _____
- ○ _____
- ○ _____
- ○ _____
- ○ _____
- ○ _____
- ○ _____
- ○ _____
- ○ _____
- ○ _____
- ○ _____
- ○ _____
- ○ _____
- ○ _____
- ○ _____
- ○ _____
- ○ _____
- ○ _____

monday

DATE: /   /

PRIORITY TO-DOS

○ 1 _____

○ 2 _____

○ 3 _____

ADDITIONAL DAILY TO-DOS

○ _____

○ _____

○ _____

DAILY TIME BLOCK

7am

8am

9am

10am

11am

12pm

1pm

2pm

3pm

4pm

5pm

Evening

Notes

tuesday

DATE: _____ / _____ / _____

PRIORITY TO-DOS

○ 1 _____
○ 2 _____
○ 3 _____

ADDITIONAL DAILY TO-DOS

○ _____
○ _____
○ _____

DAILY TIME BLOCK

7am
8am
9am
10am
11am
12pm
1pm
2pm
3pm
4pm
5pm
Evening
Notes

wednesday

DATE: /   /

PRIORITY TO-DOS

◯   1 _____

◯   2 _____

◯   3 _____

ADDITIONAL DAILY TO-DOS

◯ _____

◯ _____

◯ _____

DAILY TIME BLOCK

7am

8am

9am

10am

11am

12pm

1pm

2pm

3pm

4pm

5pm

Evening

Notes

thursday

DATE: __ / __ / __

PRIORITY TO-DOS

○ 1 _____
○ 2 _____
○ 3 _____

ADDITIONAL DAILY TO-DOS

○ _____
○ _____
○ _____

DAILY TIME BLOCK

7am
8am
9am
10am
11am
12pm
1pm
2pm
3pm
4pm
5pm
Evening
Notes

friday

DATE: ___ / ___ / ___

PRIORITY TO-DOS

◯ 1 _____
◯ 2 _____
◯ 3 _____

ADDITIONAL DAILY TO-DOS

◯ _____
◯ _____
◯ _____

DAILY TIME BLOCK

Time	
7am	
8am	
9am	
10am	
11am	
12pm	
1pm	
2pm	
3pm	
4pm	
5pm	
Evening	
Notes	

saturday

DATE: / /

EVENTS / SELF-CARE MOMENTS / TO-DOS

morning
_____
_____
_____

mid day
_____
_____
_____

evening
_____
_____
_____

sunday

DATE: / /

EVENTS / SELF-CARE MOMENTS / TO-DOS

morning
_____
_____
_____

mid day
_____
_____
_____

evening
_____
_____
_____

week ahead to-dos

LIST YOUR MOST IMPORTANT TASKS FOR THE UPCOMING WEEK THAT WILL HELP YOU SLOWLY AND INTENTIONALLY REACH YOUR MONTHLY AND ANNUAL GOALS. FLIP BACK TO "NAVIGATING THE SLOW PLANNER" FOR MY FULL GUIDE.

- ○ _____
- ○ _____
- ○ _____
- ○ _____
- ○ _____
- ○ _____
- ○ _____
- ○ _____
- ○ _____
- ○ _____
- ○ _____
- ○ _____
- ○ _____
- ○ _____
- ○ _____
- ○ _____
- ○ _____
- ○ _____
- ○ _____
- ○ _____
- ○ _____
- ○ _____
- ○ _____
- ○ _____

monday

DATE: / /

PRIORITY TO-DOS

○ 1 _____
○ 2 _____
○ 3 _____

ADDITIONAL DAILY TO-DOS

○ _____
○ _____
○ _____

DAILY TIME BLOCK

7am
8am
9am
10am
11am
12pm
1pm
2pm
3pm
4pm
5pm
Evening
Notes

tuesday

DATE: ___ / ___ / ___

PRIORITY TO-DOS

○ 1 _____
○ 2 _____
○ 3 _____

ADDITIONAL DAILY TO-DOS

○ _____
○ _____
○ _____

DAILY TIME BLOCK

7am
8am
9am
10am
11am
12pm
1pm
2pm
3pm
4pm
5pm
Evening
Notes

wednesday

DATE: / /

PRIORITY TO-DOS

○ 1 _____

○ 2 _____

○ 3 _____

ADDITIONAL DAILY TO-DOS

○ _____

○ _____

○ _____

DAILY TIME BLOCK

7am

8am

9am

10am

11am

12pm

1pm

2pm

3pm

4pm

5pm

Evening

Notes

thursday

DATE: ___ / ___ / ___

PRIORITY TO-DOS

○ 1 _____
○ 2 _____
○ 3 _____

ADDITIONAL DAILY TO-DOS

○ _____
○ _____
○ _____

DAILY TIME BLOCK

Time	
7am	
8am	
9am	
10am	
11am	
12pm	
1pm	
2pm	
3pm	
4pm	
5pm	
Evening	
Notes	

friday

DATE: /   /

PRIORITY TO-DOS

○ 1 _____

○ 2 _____

○ 3 _____

ADDITIONAL DAILY TO-DOS

○ _____

○ _____

○ _____

DAILY TIME BLOCK

7am _____

8am _____

9am _____

10am _____

11am _____

12pm _____

1pm _____

2pm _____

3pm _____

4pm _____

5pm _____

Evening _____

Notes _____

saturday

DATE: ___ / ___ / ___

EVENTS / SELF-CARE MOMENTS / TO-DOS

morning
_____
_____

mid day
_____
_____

evening
_____
_____

sunday

DATE: ___ / ___ / ___

EVENTS / SELF-CARE MOMENTS / TO-DOS

morning
_____
_____

mid day
_____
_____

evening
_____
_____

monthly brain-dump

SOMETIMES OUR BRAINS ARE FULL OF IDEAS, IMAGES, DREAMS, GOALS, MEMORIES, PLANS, ETC., THAT WE DON'T WANT TO FORGET BUT WE OFTEN DON'T KNOW WHERE TO KEEP.
DUMP THEM, DRAW THEM, STORE THEM HERE, AND REFER BACK TO THEM AS MUCH AS YOU'D LIKE.

week ahead to-dos

LIST YOUR MOST IMPORTANT TASKS FOR THE UPCOMING WEEK THAT WILL HELP YOU SLOWLY AND INTENTIONALLY REACH YOUR MONTHLY AND ANNUAL GOALS. FLIP BACK TO "NAVIGATING THE SLOW PLANNER" FOR MY FULL GUIDE.

- ○ _____
- ○ _____
- ○ _____
- ○ _____
- ○ _____
- ○ _____
- ○ _____
- ○ _____
- ○ _____
- ○ _____
- ○ _____
- ○ _____
- ○ _____
- ○ _____
- ○ _____
- ○ _____
- ○ _____
- ○ _____
- ○ _____
- ○ _____
- ○ _____
- ○ _____
- ○ _____
- ○ _____

monday

DATE: ___ / ___ / ___

PRIORITY TO-DOS

○ 1 _____

○ 2 _____

○ 3 _____

ADDITIONAL DAILY TO-DOS

○ _____
○ _____
○ _____

DAILY TIME BLOCK

Time	
7am	
8am	
9am	
10am	
11am	
12pm	
1pm	
2pm	
3pm	
4pm	
5pm	
Evening	
Notes	

tuesday

DATE: ___ / ___ / ___

PRIORITY TO-DOS

○ 1 _____
○ 2 _____
○ 3 _____

ADDITIONAL DAILY TO-DOS

○ _____
○ _____
○ _____

DAILY TIME BLOCK

7am
8am
9am
10am
11am
12pm
1pm
2pm
3pm
4pm
5pm
Evening
Notes

wednesday

DATE: ___ / ___ / ___

PRIORITY TO-DOS

○ 1 _____
○ 2 _____
○ 3 _____

ADDITIONAL DAILY TO-DOS

○ _____
○ _____
○ _____

DAILY TIME BLOCK

7am
8am
9am
10am
11am
12pm
1pm
2pm
3pm
4pm
5pm
Evening
Notes

thursday

DATE: __ / __ / __

PRIORITY TO-DOS

○ 1 _____
○ 2 _____
○ 3 _____

ADDITIONAL DAILY TO-DOS

○ _____
○ _____
○ _____

DAILY TIME BLOCK

Time	
7am	
8am	
9am	
10am	
11am	
12pm	
1pm	
2pm	
3pm	
4pm	
5pm	
Evening	
Notes	

friday

DATE: /   /

PRIORITY TO-DOS

- [ ] 1 _____
- [ ] 2 _____
- [ ] 3 _____

ADDITIONAL DAILY TO-DOS

- [ ] _____
- [ ] _____
- [ ] _____

DAILY TIME BLOCK

Time	
7am	
8am	
9am	
10am	
11am	
12pm	
1pm	
2pm	
3pm	
4pm	
5pm	
Evening	
Notes	

saturday

DATE: ___ / ___ / ___

EVENTS / SELF-CARE MOMENTS / TO-DOS

morning
_____
_____
_____

mid day
_____
_____
_____

evening
_____
_____
_____

sunday

DATE: ___ / ___ / ___

EVENTS / SELF-CARE MOMENTS / TO-DOS

morning
_____
_____
_____

mid day
_____
_____
_____

evening
_____
_____
_____

week ahead to-dos

LIST YOUR MOST IMPORTANT TASKS FOR THE UPCOMING WEEK THAT WILL HELP YOU SLOWLY AND INTENTIONALLY REACH YOUR MONTHLY AND ANNUAL GOALS. FLIP BACK TO "NAVIGATING THE SLOW PLANNER" FOR MY FULL GUIDE.

- ○ _____
- ○ _____
- ○ _____
- ○ _____
- ○ _____
- ○ _____
- ○ _____
- ○ _____
- ○ _____
- ○ _____
- ○ _____
- ○ _____
- ○ _____
- ○ _____
- ○ _____
- ○ _____
- ○ _____
- ○ _____
- ○ _____
- ○ _____
- ○ _____
- ○ _____
- ○ _____
- ○ _____

monday

DATE: ___ / ___ / ___

PRIORITY TO-DOS

○ 1 _____

○ 2 _____

○ 3 _____

ADDITIONAL DAILY TO-DOS

○ _____

○ _____

○ _____

DAILY TIME BLOCK

7am
8am
9am
10am
11am
12pm
1pm
2pm
3pm
4pm
5pm
Evening
Notes

tuesday

DATE: / /

PRIORITY TO-DOS

○ 1 _____
○ 2 _____
○ 3 _____

ADDITIONAL DAILY TO-DOS

○ _____
○ _____
○ _____

DAILY TIME BLOCK

7am _____
8am _____
9am _____
10am _____
11am _____
12pm _____
1pm _____
2pm _____
3pm _____
4pm _____
5pm _____
Evening _____
Notes _____

wednesday

DATE: ____ / ____ / ____

PRIORITY TO-DOS

○ 1 _____
○ 2 _____
○ 3 _____

ADDITIONAL DAILY TO-DOS

○ _____
○ _____
○ _____

DAILY TIME BLOCK

7am
8am
9am
10am
11am
12pm
1pm
2pm
3pm
4pm
5pm
Evening
Notes

thursday

DATE: ___ / ___ / ___

PRIORITY TO-DOS

○ 1 _____

○ 2 _____

○ 3 _____

ADDITIONAL DAILY TO-DOS

○ _____

○ _____

○ _____

DAILY TIME BLOCK

Time	
7am	
8am	
9am	
10am	
11am	
12pm	
1pm	
2pm	
3pm	
4pm	
5pm	
Evening	
Notes	

friday

DATE: ___ / ___ / ___

PRIORITY TO-DOS

○ 1 _____
○ 2 _____
○ 3 _____

ADDITIONAL DAILY TO-DOS

○ _____
○ _____
○ _____

DAILY TIME BLOCK

7am
8am
9am
10am
11am
12pm
1pm
2pm
3pm
4pm
5pm
Evening
Notes

saturday

DATE: /   /

EVENTS / SELF-CARE MOMENTS / TO-DOS

morning

mid day

evening

sunday

DATE: /   /

EVENTS / SELF-CARE MOMENTS / TO-DOS

morning

mid day

evening

week ahead to-dos

LIST YOUR MOST IMPORTANT TASKS FOR THE UPCOMING WEEK THAT WILL HELP YOU SLOWLY AND INTENTIONALLY REACH YOUR MONTHLY AND ANNUAL GOALS. FLIP BACK TO "NAVIGATING THE SLOW PLANNER" FOR MY FULL GUIDE.

○ _____
○ _____
○ _____
○ _____
○ _____
○ _____
○ _____
○ _____
○ _____
○ _____
○ _____
○ _____
○ _____
○ _____
○ _____
○ _____
○ _____
○ _____
○ _____
○ _____
○ _____

monday

DATE: ___ / ___ / ___

PRIORITY TO-DOS

○ 1 _____
○ 2 _____
○ 3 _____

ADDITIONAL DAILY TO-DOS

○ _____
○ _____
○ _____

DAILY TIME BLOCK

7am
8am
9am
10am
11am
12pm
1pm
2pm
3pm
4pm
5pm
Evening
Notes

tuesday

DATE: ___ / ___ / ___

PRIORITY TO-DOS

○ 1 _____
○ 2 _____
○ 3 _____

ADDITIONAL DAILY TO-DOS

○ _____
○ _____
○ _____

DAILY TIME BLOCK

7am
8am
9am
10am
11am
12pm
1pm
2pm
3pm
4pm
5pm
Evening
Notes

wednesday

DATE: ___ / ___ / ___

PRIORITY TO-DOS

○ 1 _____
○ 2 _____
○ 3 _____

ADDITIONAL DAILY TO-DOS

○ _____
○ _____
○ _____

DAILY TIME BLOCK

7am
8am
9am
10am
11am
12pm
1pm
2pm
3pm
4pm
5pm
Evening
Notes

thursday

DATE: ___ / ___ / ___

PRIORITY TO-DOS

◯ 1 _____
◯ 2 _____
◯ 3 _____

ADDITIONAL DAILY TO-DOS

◯ _____
◯ _____
◯ _____

DAILY TIME BLOCK

7am	
8am	
9am	
10am	
11am	
12pm	
1pm	
2pm	
3pm	
4pm	
5pm	
Evening	
Notes	

friday

DATE: ___ / ___ / ___

PRIORITY TO-DOS

○ 1 _____
○ 2 _____
○ 3 _____

ADDITIONAL DAILY TO-DOS

○ _____
○ _____
○ _____

DAILY TIME BLOCK

7am _____
8am _____
9am _____
10am _____
11am _____
12pm _____
1pm _____
2pm _____
3pm _____
4pm _____
5pm _____
Evening _____
Notes _____

saturday

DATE: / /

EVENTS / SELF-CARE MOMENTS / TO-DOS

morning
_____
_____
_____

mid day
_____
_____
_____

evening
_____
_____
_____

sunday

DATE: / /

EVENTS / SELF-CARE MOMENTS / TO-DOS

morning
_____
_____
_____

mid day
_____
_____
_____

evening
_____
_____
_____

week ahead to-dos

LIST YOUR MOST IMPORTANT TASKS FOR THE UPCOMING WEEK THAT WILL HELP YOU SLOWLY AND INTENTIONALLY REACH YOUR MONTHLY AND ANNUAL GOALS. FLIP BACK TO "NAVIGATING THE SLOW PLANNER" FOR MY FULL GUIDE.

- ○
- ○
- ○
- ○
- ○
- ○
- ○
- ○
- ○
- ○
- ○
- ○
- ○
- ○
- ○
- ○
- ○
- ○
- ○
- ○
- ○
- ○

monday

DATE: ___ / ___ / ___

PRIORITY TO-DOS

○ 1 _____

○ 2 _____

○ 3 _____

ADDITIONAL DAILY TO-DOS

○ _____
○ _____
○ _____

DAILY TIME BLOCK

Time	
7am	
8am	
9am	
10am	
11am	
12pm	
1pm	
2pm	
3pm	
4pm	
5pm	
Evening	
Notes	

tuesday

DATE: /   /

PRIORITY TO-DOS

○ 1 _____
○ 2 _____
○ 3 _____

ADDITIONAL DAILY TO-DOS

○ _____
○ _____
○ _____

DAILY TIME BLOCK

7am
8am
9am
10am
11am
12pm
1pm
2pm
3pm
4pm
5pm
Evening
Notes

wednesday

DATE: ___ / ___ / ___

PRIORITY TO-DOS

○ 1 _____
○ 2 _____
○ 3 _____

ADDITIONAL DAILY TO-DOS

○ _____
○ _____
○ _____

DAILY TIME BLOCK

7am
8am
9am
10am
11am
12pm
1pm
2pm
3pm
4pm
5pm
Evening
Notes

thursday

DATE: ___/___/___

PRIORITY TO-DOS

○ 1 _____
○ 2 _____
○ 3 _____

ADDITIONAL DAILY TO-DOS

○ _____
○ _____
○ _____

DAILY TIME BLOCK

7am
8am
9am
10am
11am
12pm
1pm
2pm
3pm
4pm
5pm
Evening
Notes

friday

DATE: ___/___/___

PRIORITY TO-DOS

○ 1 _____
○ 2 _____
○ 3 _____

ADDITIONAL DAILY TO-DOS

○ _____
○ _____
○ _____

DAILY TIME BLOCK

7am _____
8am _____
9am _____
10am _____
11am _____
12pm _____
1pm _____
2pm _____
3pm _____
4pm _____
5pm _____
Evening _____
Notes _____

saturday

DATE: /   /

EVENTS / SELF-CARE MOMENTS / TO-DOS

morning
_____
_____
_____

mid day
_____
_____
_____

evening
_____
_____
_____

sunday

DATE: /   /

EVENTS / SELF-CARE MOMENTS / TO-DOS

morning
_____
_____
_____

mid day
_____
_____
_____

evening
_____
_____
_____

week ahead to-dos

LIST YOUR MOST IMPORTANT TASKS FOR THE UPCOMING WEEK THAT WILL HELP YOU SLOWLY AND INTENTIONALLY REACH YOUR MONTHLY AND ANNUAL GOALS. FLIP BACK TO "NAVIGATING THE SLOW PLANNER" FOR MY FULL GUIDE.

- [ ]
- [ ]
- [ ]
- [ ]
- [ ]
- [ ]
- [ ]
- [ ]
- [ ]
- [ ]
- [ ]
- [ ]
- [ ]
- [ ]
- [ ]
- [ ]
- [ ]
- [ ]
- [ ]
- [ ]
- [ ]
- [ ]

monday

DATE: /   /

PRIORITY TO-DOS

○ 1 _____

○ 2 _____

○ 3 _____

ADDITIONAL DAILY TO-DOS

○ _____

○ _____

○ _____

DAILY TIME BLOCK

7am

8am

9am

10am

11am

12pm

1pm

2pm

3pm

4pm

5pm

Evening

Notes

tuesday

DATE: ___ / ___ / ___

PRIORITY TO-DOS

○ 1 _____
○ 2 _____
○ 3 _____

ADDITIONAL DAILY TO-DOS

○ _____
○ _____
○ _____

DAILY TIME BLOCK

7am _____
8am _____
9am _____
10am _____
11am _____
12pm _____
1pm _____
2pm _____
3pm _____
4pm _____
5pm _____
Evening _____
Notes _____
_____

wednesday

DATE: ___ / ___ / ___

PRIORITY TO-DOS

○ 1 _____

○ 2 _____

○ 3 _____

ADDITIONAL DAILY TO-DOS

○ _____

○ _____

○ _____

DAILY TIME BLOCK

7am

8am

9am

10am

11am

12pm

1pm

2pm

3pm

4pm

5pm

Evening

Notes

thursday

DATE: ___ / ___ / ___

PRIORITY TO-DOS

○ 1 _____
○ 2 _____
○ 3 _____

ADDITIONAL DAILY TO-DOS

○ _____
○ _____
○ _____

DAILY TIME BLOCK

7am
8am
9am
10am
11am
12pm
1pm
2pm
3pm
4pm
5pm
Evening
Notes

friday

DATE: ___ / ___ / ___

PRIORITY TO-DOS

○ 1 _____

○ 2 _____

○ 3 _____

ADDITIONAL DAILY TO-DOS

○ _____
○ _____
○ _____

DAILY TIME BLOCK

7am	
8am	
9am	
10am	
11am	
12pm	
1pm	
2pm	
3pm	
4pm	
5pm	
Evening	
Notes	

saturday

DATE: / /

EVENTS / SELF-CARE MOMENTS / TO-DOS

morning
_____
_____
_____

mid day
_____
_____
_____

evening
_____
_____
_____

sunday

DATE: / /

EVENTS / SELF-CARE MOMENTS / TO-DOS

morning
_____
_____
_____

mid day
_____
_____
_____

evening
_____
_____
_____

monthly brain-dump

SOMETIMES OUR BRAINS ARE FULL OF IDEAS, IMAGES, DREAMS, GOALS, MEMORIES, PLANS, ETC., THAT WE DON'T WANT TO FORGET BUT WE OFTEN DON'T KNOW WHERE TO KEEP. DUMP THEM, DRAW THEM, STORE THEM HERE, AND REFER BACK TO THEM AS MUCH AS YOU'D LIKE.

week ahead to-dos

LIST YOUR MOST IMPORTANT TASKS FOR THE UPCOMING WEEK THAT WILL HELP YOU SLOWLY AND INTENTIONALLY REACH YOUR MONTHLY AND ANNUAL GOALS. FLIP BACK TO "NAVIGATING THE SLOW PLANNER" FOR MY FULL GUIDE.

- ○ _____
- ○ _____
- ○ _____
- ○ _____
- ○ _____
- ○ _____
- ○ _____
- ○ _____
- ○ _____
- ○ _____
- ○ _____
- ○ _____
- ○ _____
- ○ _____
- ○ _____
- ○ _____
- ○ _____
- ○ _____
- ○ _____
- ○ _____
- ○ _____
- ○ _____
- ○ _____
- ○ _____

monday

DATE: / /

PRIORITY TO-DOS

○ 1 _____
○ 2 _____
○ 3 _____

ADDITIONAL DAILY TO-DOS

○ _____
○ _____
○ _____

DAILY TIME BLOCK

7am
8am
9am
10am
11am
12pm
1pm
2pm
3pm
4pm
5pm
Evening
Notes

tuesday

DATE: /   /

PRIORITY TO-DOS

○ 1 _____

○ 2 _____

○ 3 _____

ADDITIONAL DAILY TO-DOS

○ _____

○ _____

○ _____

DAILY TIME BLOCK

7am	
8am	
9am	
10am	
11am	
12pm	
1pm	
2pm	
3pm	
4pm	
5pm	
Evening	
Notes	

wednesday

DATE: ___ / ___ / ___

PRIORITY TO-DOS

○ 1 _____
○ 2 _____
○ 3 _____

ADDITIONAL DAILY TO-DOS

○ _____
○ _____
○ _____

DAILY TIME BLOCK

7am
8am
9am
10am
11am
12pm
1pm
2pm
3pm
4pm
5pm
Evening
Notes

thursday

DATE: ___ / ___ / ___

PRIORITY TO-DOS

○ 1 _____
○ 2 _____
○ 3 _____

ADDITIONAL DAILY TO-DOS

○ _____
○ _____
○ _____

DAILY TIME BLOCK

Time	
7am	
8am	
9am	
10am	
11am	
12pm	
1pm	
2pm	
3pm	
4pm	
5pm	
Evening	
Notes	

friday

DATE: /   /

PRIORITY TO-DOS

- 1 _____
- 2 _____
- 3 _____

ADDITIONAL DAILY TO-DOS

- _____
- _____
- _____

DAILY TIME BLOCK

Time	
7am	
8am	
9am	
10am	
11am	
12pm	
1pm	
2pm	
3pm	
4pm	
5pm	
Evening	
Notes	

saturday

DATE: __ / __ / __

EVENTS / SELF-CARE MOMENTS / TO-DOS

morning
_____
_____
_____

mid day
_____
_____
_____

evening
_____
_____
_____

sunday

DATE: __ / __ / __

EVENTS / SELF-CARE MOMENTS / TO-DOS

morning
_____
_____
_____

mid day
_____
_____
_____

evening
_____
_____
_____

week ahead to-dos

LIST YOUR MOST IMPORTANT TASKS FOR THE UPCOMING WEEK THAT WILL HELP YOU SLOWLY AND INTENTIONALLY REACH YOUR MONTHLY AND ANNUAL GOALS. FLIP BACK TO "NAVIGATING THE SLOW PLANNER" FOR MY FULL GUIDE.

- ○ _____
- ○ _____
- ○ _____
- ○ _____
- ○ _____
- ○ _____
- ○ _____
- ○ _____
- ○ _____
- ○ _____
- ○ _____
- ○ _____
- ○ _____
- ○ _____
- ○ _____
- ○ _____
- ○ _____
- ○ _____
- ○ _____
- ○ _____
- ○ _____
- ○ _____
- ○ _____

monday

DATE: ___ / ___ / ___

PRIORITY TO-DOS

○ 1 _____

○ 2 _____

○ 3 _____

ADDITIONAL DAILY TO-DOS

○ _____

○ _____

○ _____

DAILY TIME BLOCK

Time	
7am	
8am	
9am	
10am	
11am	
12pm	
1pm	
2pm	
3pm	
4pm	
5pm	
Evening	
Notes	

tuesday

DATE: __ / __ / __

PRIORITY TO-DOS

○ 1 _____
○ 2 _____
○ 3 _____

ADDITIONAL DAILY TO-DOS

○ _____
○ _____
○ _____

DAILY TIME BLOCK

7am
8am
9am
10am
11am
12pm
1pm
2pm
3pm
4pm
5pm
Evening
Notes

wednesday

DATE: / /

PRIORITY TO-DOS

○ 1 _____
○ 2 _____
○ 3 _____

ADDITIONAL DAILY TO-DOS

○ _____
○ _____
○ _____

DAILY TIME BLOCK

7am
8am
9am
10am
11am
12pm
1pm
2pm
3pm
4pm
5pm
Evening
Notes

thursday

DATE: /   /

PRIORITY TO-DOS

- 1 _____
- 2 _____
- 3 _____

ADDITIONAL DAILY TO-DOS

- _____
- _____
- _____

DAILY TIME BLOCK

Time	
7am	
8am	
9am	
10am	
11am	
12pm	
1pm	
2pm	
3pm	
4pm	
5pm	
Evening	
Notes	

friday

DATE: ___ / ___ / ___

PRIORITY TO-DOS

○ 1 _____

○ 2 _____

○ 3 _____

ADDITIONAL DAILY TO-DOS

○ _____

○ _____

○ _____

DAILY TIME BLOCK

7am

8am

9am

10am

11am

12pm

1pm

2pm

3pm

4pm

5pm

Evening

Notes

saturday

DATE: /   /

EVENTS / SELF-CARE MOMENTS / TO-DOS

morning
_____
_____
_____

mid day
_____
_____
_____

evening
_____
_____
_____

sunday

DATE: /   /

EVENTS / SELF-CARE MOMENTS / TO-DOS

morning
_____
_____
_____

mid day
_____
_____
_____

evening
_____
_____
_____

week ahead to-dos

LIST YOUR MOST IMPORTANT TASKS FOR THE UPCOMING WEEK THAT WILL HELP YOU SLOWLY AND INTENTIONALLY REACH YOUR MONTHLY AND ANNUAL GOALS. FLIP BACK TO "NAVIGATING THE SLOW PLANNER" FOR MY FULL GUIDE.

○ _____
○ _____
○ _____
○ _____
○ _____
○ _____
○ _____
○ _____
○ _____
○ _____
○ _____
○ _____
○ _____
○ _____
○ _____
○ _____
○ _____
○ _____
○ _____
○ _____
○ _____
○ _____
○ _____

monday

DATE: ___ / ___ / ___

PRIORITY TO-DOS

○ 1 _____

○ 2 _____

○ 3 _____

ADDITIONAL DAILY TO-DOS

○ _____

○ _____

○ _____

DAILY TIME BLOCK

7am	
8am	
9am	
10am	
11am	
12pm	
1pm	
2pm	
3pm	
4pm	
5pm	
Evening	
Notes	

tuesday

DATE: /   /

PRIORITY TO-DOS

○ 1 _____
○ 2 _____
○ 3 _____

ADDITIONAL DAILY TO-DOS

○ _____
○ _____
○ _____

DAILY TIME BLOCK

7am
8am
9am
10am
11am
12pm
1pm
2pm
3pm
4pm
5pm
Evening
Notes

wednesday

DATE: /   /

PRIORITY TO-DOS

○ 1 _____

○ 2 _____

○ 3 _____

ADDITIONAL DAILY TO-DOS

○ _____

○ _____

○ _____

DAILY TIME BLOCK

Time	
7am	
8am	
9am	
10am	
11am	
12pm	
1pm	
2pm	
3pm	
4pm	
5pm	
Evening	
Notes	

thursday

DATE: ___ / ___ / ___

PRIORITY TO-DOS

○ 1 _____
○ 2 _____
○ 3 _____

ADDITIONAL DAILY TO-DOS

○ _____
○ _____
○ _____

DAILY TIME BLOCK

7am	
8am	
9am	
10am	
11am	
12pm	
1pm	
2pm	
3pm	
4pm	
5pm	
Evening	
Notes	

friday

DATE: ___ / ___ / ___

PRIORITY TO-DOS

○ 1 _____

○ 2 _____

○ 3 _____

ADDITIONAL DAILY TO-DOS

○ _____
○ _____
○ _____

DAILY TIME BLOCK

7am _____
8am _____
9am _____
10am _____
11am _____
12pm _____
1pm _____
2pm _____
3pm _____
4pm _____
5pm _____
Evening _____
Notes _____

saturday

DATE: / /

EVENTS / SELF-CARE MOMENTS / TO-DOS

morning
_____
_____
_____

mid day
_____
_____
_____

evening
_____
_____
_____

sunday

DATE: / /

EVENTS / SELF-CARE MOMENTS / TO-DOS

morning
_____
_____
_____

mid day
_____
_____
_____

evening
_____
_____
_____

week ahead to-dos

LIST YOUR MOST IMPORTANT TASKS FOR THE UPCOMING WEEK THAT WILL HELP YOU SLOWLY AND INTENTIONALLY REACH YOUR MONTHLY AND ANNUAL GOALS. FLIP BACK TO "NAVIGATING THE SLOW PLANNER" FOR MY FULL GUIDE.

- ○ _____
- ○ _____
- ○ _____
- ○ _____
- ○ _____
- ○ _____
- ○ _____
- ○ _____
- ○ _____
- ○ _____
- ○ _____
- ○ _____
- ○ _____
- ○ _____
- ○ _____
- ○ _____
- ○ _____
- ○ _____
- ○ _____
- ○ _____
- ○ _____
- ○ _____
- ○ _____

monday

DATE: / /

PRIORITY TO-DOS

○ 1 _____

○ 2 _____

○ 3 _____

ADDITIONAL DAILY TO-DOS

○ _____

○ _____

○ _____

DAILY TIME BLOCK

7am

8am

9am

10am

11am

12pm

1pm

2pm

3pm

4pm

5pm

Evening

Notes

tuesday

DATE: ___ / ___ / ___

PRIORITY TO-DOS

○ 1 _____
○ 2 _____
○ 3 _____

ADDITIONAL DAILY TO-DOS

○ _____
○ _____
○ _____

DAILY TIME BLOCK

7am
8am
9am
10am
11am
12pm
1pm
2pm
3pm
4pm
5pm
Evening
Notes

wednesday

DATE: ___ / ___ / ___

PRIORITY TO-DOS

○ 1 _____
○ 2 _____
○ 3 _____

ADDITIONAL DAILY TO-DOS

○ _____
○ _____
○ _____

DAILY TIME BLOCK

7am
8am
9am
10am
11am
12pm
1pm
2pm
3pm
4pm
5pm
Evening
Notes

thursday

DATE: ___ / ___ / ___

PRIORITY TO-DOS

○ 1 _____
○ 2 _____
○ 3 _____

ADDITIONAL DAILY TO-DOS

○ _____
○ _____
○ _____

DAILY TIME BLOCK

7am
8am
9am
10am
11am
12pm
1pm
2pm
3pm
4pm
5pm
Evening
Notes

friday

DATE: ___ / ___ / ___

PRIORITY TO-DOS

○ 1 _____

○ 2 _____

○ 3 _____

ADDITIONAL DAILY TO-DOS

○ _____

○ _____

○ _____

DAILY TIME BLOCK

7am

8am

9am

10am

11am

12pm

1pm

2pm

3pm

4pm

5pm

Evening

Notes

saturday

DATE: ___ / ___ / ___

EVENTS / SELF-CARE MOMENTS / TO-DOS

morning
_____
_____
_____

mid day
_____
_____
_____

evening
_____
_____
_____

sunday

DATE: ___ / ___ / ___

EVENTS / SELF-CARE MOMENTS / TO-DOS

morning
_____
_____
_____

mid day
_____
_____
_____

evening
_____
_____
_____

monthly brain-dump

SOMETIMES OUR BRAINS ARE FULL OF IDEAS, IMAGES, DREAMS, GOALS, MEMORIES, PLANS, ETC., THAT WE DON'T WANT TO FORGET BUT WE OFTEN DON'T KNOW WHERE TO KEEP. DUMP THEM, DRAW THEM, STORE THEM HERE, AND REFER BACK TO THEM AS MUCH AS YOU'D LIKE.

week ahead to-dos

LIST YOUR MOST IMPORTANT TASKS FOR THE UPCOMING WEEK THAT WILL HELP YOU SLOWLY AND INTENTIONALLY REACH YOUR MONTHLY AND ANNUAL GOALS. FLIP BACK TO "NAVIGATING THE SLOW PLANNER" FOR MY FULL GUIDE.

- ○ _____
- ○ _____
- ○ _____
- ○ _____
- ○ _____
- ○ _____
- ○ _____
- ○ _____
- ○ _____
- ○ _____
- ○ _____
- ○ _____
- ○ _____
- ○ _____
- ○ _____
- ○ _____
- ○ _____
- ○ _____
- ○ _____
- ○ _____
- ○ _____
- ○ _____
- ○ _____

monday

DATE: ___ / ___ / ___

PRIORITY TO-DOS

○ 1 _____
○ 2 _____
○ 3 _____

ADDITIONAL DAILY TO-DOS

○ _____
○ _____
○ _____

DAILY TIME BLOCK

Time	
7am	
8am	
9am	
10am	
11am	
12pm	
1pm	
2pm	
3pm	
4pm	
5pm	
Evening	
Notes	

tuesday

DATE: ___ / ___ / ___

PRIORITY TO-DOS

○ 1 _____

○ 2 _____

○ 3 _____

ADDITIONAL DAILY TO-DOS

○ _____

○ _____

○ _____

DAILY TIME BLOCK

Time	
7am	
8am	
9am	
10am	
11am	
12pm	
1pm	
2pm	
3pm	
4pm	
5pm	
Evening	
Notes	

wednesday

DATE: ____ / ____ / ____

PRIORITY TO-DOS

○ 1 _____

○ 2 _____

○ 3 _____

ADDITIONAL DAILY TO-DOS

○ _____

○ _____

○ _____

DAILY TIME BLOCK

7am

8am

9am

10am

11am

12pm

1pm

2pm

3pm

4pm

5pm

Evening

Notes

thursday

DATE: /   /

PRIORITY TO-DOS

- ◯ 1 _____
- ◯ 2 _____
- ◯ 3 _____

ADDITIONAL DAILY TO-DOS

- ◯ _____
- ◯ _____
- ◯ _____

DAILY TIME BLOCK

Time	
7am	
8am	
9am	
10am	
11am	
12pm	
1pm	
2pm	
3pm	
4pm	
5pm	
Evening	
Notes	

friday

DATE: ___ / ___ / ___

PRIORITY TO-DOS

○ 1 _____
○ 2 _____
○ 3 _____

ADDITIONAL DAILY TO-DOS

○ _____
○ _____
○ _____

DAILY TIME BLOCK

Time	
7am	
8am	
9am	
10am	
11am	
12pm	
1pm	
2pm	
3pm	
4pm	
5pm	
Evening	
Notes	

saturday

DATE: / /

EVENTS / SELF-CARE MOMENTS / TO-DOS

morning

mid day

evening

sunday

DATE: / /

EVENTS / SELF-CARE MOMENTS / TO-DOS

morning

mid day

evening

week ahead to-dos

LIST YOUR MOST IMPORTANT TASKS FOR THE UPCOMING WEEK THAT WILL HELP YOU SLOWLY AND INTENTIONALLY REACH YOUR MONTHLY AND ANNUAL GOALS. FLIP BACK TO "NAVIGATING THE SLOW PLANNER" FOR MY FULL GUIDE.

- ○ _____
- ○ _____
- ○ _____
- ○ _____
- ○ _____
- ○ _____
- ○ _____
- ○ _____
- ○ _____
- ○ _____
- ○ _____
- ○ _____
- ○ _____
- ○ _____
- ○ _____
- ○ _____
- ○ _____
- ○ _____
- ○ _____
- ○ _____
- ○ _____
- ○ _____
- ○ _____
- ○ _____

monday

DATE: ___ / ___ / ___

PRIORITY TO-DOS

○ 1 _____

○ 2 _____

○ 3 _____

ADDITIONAL DAILY TO-DOS

○ _____

○ _____

○ _____

DAILY TIME BLOCK

Time	
7am	
8am	
9am	
10am	
11am	
12pm	
1pm	
2pm	
3pm	
4pm	
5pm	
Evening	
Notes	

tuesday

DATE: ____ / ____ / ____

PRIORITY TO-DOS

○ 1 _____
○ 2 _____
○ 3 _____

ADDITIONAL DAILY TO-DOS

○ _____
○ _____
○ _____

DAILY TIME BLOCK

7am _____
8am _____
9am _____
10am _____
11am _____
12pm _____
1pm _____
2pm _____
3pm _____
4pm _____
5pm _____
Evening _____
Notes _____

wednesday

DATE: ___ / ___ / ___

PRIORITY TO-DOS

○ 1 _____
○ 2 _____
○ 3 _____

ADDITIONAL DAILY TO-DOS

○ _____
○ _____
○ _____

DAILY TIME BLOCK

7am
8am
9am
10am
11am
12pm
1pm
2pm
3pm
4pm
5pm
Evening
Notes

thursday

DATE: ___ / ___ / ___

PRIORITY TO-DOS

○ 1 _____
○ 2 _____
○ 3 _____

ADDITIONAL DAILY TO-DOS

○ _____
○ _____
○ _____

DAILY TIME BLOCK

Time	
7am	
8am	
9am	
10am	
11am	
12pm	
1pm	
2pm	
3pm	
4pm	
5pm	
Evening	
Notes	

friday

DATE: ___/___/___

PRIORITY TO-DOS

○ 1 _____

○ 2 _____

○ 3 _____

ADDITIONAL DAILY TO-DOS

○ _____
○ _____
○ _____

DAILY TIME BLOCK

7am
8am
9am
10am
11am
12pm
1pm
2pm
3pm
4pm
5pm
Evening
Notes

saturday

DATE: ___ / ___ / ___

EVENTS / SELF-CARE MOMENTS / TO-DOS

morning
_____
_____
_____

mid day
_____
_____

evening
_____
_____
_____

sunday

DATE: ___ / ___ / ___

EVENTS / SELF-CARE MOMENTS / TO-DOS

morning
_____
_____
_____

mid day
_____
_____

evening
_____
_____
_____

week ahead to-dos

LIST YOUR MOST IMPORTANT TASKS FOR THE UPCOMING WEEK THAT WILL HELP YOU SLOWLY AND INTENTIONALLY REACH YOUR MONTHLY AND ANNUAL GOALS. FLIP BACK TO "NAVIGATING THE SLOW PLANNER" FOR MY FULL GUIDE.

○ _____
○ _____
○ _____
○ _____
○ _____
○ _____
○ _____
○ _____
○ _____
○ _____
○ _____
○ _____
○ _____
○ _____
○ _____
○ _____
○ _____
○ _____
○ _____
○ _____
○ _____
○ _____
○ _____
○ _____

monday

DATE: ___/___/___

PRIORITY TO-DOS

○ 1 _____

○ 2 _____

○ 3 _____

ADDITIONAL DAILY TO-DOS

○ _____

○ _____

○ _____

DAILY TIME BLOCK

Time	
7am	
8am	
9am	
10am	
11am	
12pm	
1pm	
2pm	
3pm	
4pm	
5pm	
Evening	
Notes	

tuesday

DATE: / /

PRIORITY TO-DOS

○ 1 _____

○ 2 _____

○ 3 _____

ADDITIONAL DAILY TO-DOS

○ _____
○ _____
○ _____

DAILY TIME BLOCK

7am
8am
9am
10am
11am
12pm
1pm
2pm
3pm
4pm
5pm
Evening
Notes

wednesday

DATE: ___ / ___ / ___

PRIORITY TO-DOS

◯ 1 _____
◯ 2 _____
◯ 3 _____

ADDITIONAL DAILY TO-DOS

◯ _____
◯ _____
◯ _____

DAILY TIME BLOCK

7am
8am
9am
10am
11am
12pm
1pm
2pm
3pm
4pm
5pm
Evening
Notes

thursday

DATE: ___ / ___ / ___

PRIORITY TO-DOS

○ 1 _____
○ 2 _____
○ 3 _____

ADDITIONAL DAILY TO-DOS

○ _____
○ _____
○ _____

DAILY TIME BLOCK

7am
8am
9am
10am
11am
12pm
1pm
2pm
3pm
4pm
5pm
Evening
Notes

friday

DATE: ___/___/___

PRIORITY TO-DOS

○ 1 _____
○ 2 _____
○ 3 _____

ADDITIONAL DAILY TO-DOS

○ _____
○ _____
○ _____

DAILY TIME BLOCK

7am
8am
9am
10am
11am
12pm
1pm
2pm
3pm
4pm
5pm
Evening
Notes

saturday

DATE: /   /

EVENTS / SELF-CARE MOMENTS / TO-DOS

morning

mid day

evening

sunday

DATE: /   /

EVENTS / SELF-CARE MOMENTS / TO-DOS

morning

mid day

evening

week ahead to-dos

LIST YOUR MOST IMPORTANT TASKS FOR THE UPCOMING WEEK THAT WILL HELP YOU SLOWLY AND INTENTIONALLY REACH YOUR MONTHLY AND ANNUAL GOALS. FLIP BACK TO "NAVIGATING THE SLOW PLANNER" FOR MY FULL GUIDE.

- ○
- ○
- ○
- ○
- ○
- ○
- ○
- ○
- ○
- ○
- ○
- ○
- ○
- ○
- ○
- ○
- ○
- ○
- ○
- ○
- ○
- ○
- ○

monday

DATE: ___ / ___ / ___

PRIORITY TO-DOS

◯ 1 _____

◯ 2 _____

◯ 3 _____

ADDITIONAL DAILY TO-DOS

◯ _____

◯ _____

◯ _____

DAILY TIME BLOCK

7am	
8am	
9am	
10am	
11am	
12pm	
1pm	
2pm	
3pm	
4pm	
5pm	
Evening	
Notes	

tuesday

DATE: ___ / ___ / ___

PRIORITY TO-DOS

○ 1 _____
○ 2 _____
○ 3 _____

ADDITIONAL DAILY TO-DOS

○ _____
○ _____
○ _____

DAILY TIME BLOCK

Time	
7am	
8am	
9am	
10am	
11am	
12pm	
1pm	
2pm	
3pm	
4pm	
5pm	
Evening	
Notes	

wednesday

DATE: __ / __ / __

PRIORITY TO-DOS

○ 1 _____
○ 2 _____
○ 3 _____

ADDITIONAL DAILY TO-DOS

○ _____
○ _____
○ _____

DAILY TIME BLOCK

7am
8am
9am
10am
11am
12pm
1pm
2pm
3pm
4pm
5pm
Evening
Notes

thursday

DATE: ___ / ___ / ___

PRIORITY TO-DOS

○ 1 _____
○ 2 _____
○ 3 _____

ADDITIONAL DAILY TO-DOS

○ _____
○ _____
○ _____

DAILY TIME BLOCK

7am _____
8am _____
9am _____
10am _____
11am _____
12pm _____
1pm _____
2pm _____
3pm _____
4pm _____
5pm _____
Evening _____
Notes _____

friday

DATE: ___ / ___ / ___

PRIORITY TO-DOS

○ 1 _____
○ 2 _____
○ 3 _____

ADDITIONAL DAILY TO-DOS

○ _____
○ _____
○ _____

DAILY TIME BLOCK

7am
8am
9am
10am
11am
12pm
1pm
2pm
3pm
4pm
5pm
Evening
Notes

saturday

DATE: / /

EVENTS / SELF-CARE MOMENTS / TO-DOS

morning
_____
_____

mid day
_____
_____

evening
_____
_____

sunday

DATE: / /

EVENTS / SELF-CARE MOMENTS / TO-DOS

morning
_____
_____

mid day
_____
_____

evening
_____
_____

week ahead to-dos

LIST YOUR MOST IMPORTANT TASKS FOR THE UPCOMING WEEK THAT WILL HELP YOU SLOWLY AND INTENTIONALLY REACH YOUR MONTHLY AND ANNUAL GOALS. FLIP BACK TO "NAVIGATING THE SLOW PLANNER" FOR MY FULL GUIDE.

- ○ _____
- ○ _____
- ○ _____
- ○ _____
- ○ _____
- ○ _____
- ○ _____
- ○ _____
- ○ _____
- ○ _____
- ○ _____
- ○ _____
- ○ _____
- ○ _____
- ○ _____
- ○ _____
- ○ _____
- ○ _____
- ○ _____
- ○ _____
- ○ _____
- ○ _____

monday

DATE: /   /

PRIORITY TO-DOS

○ 1 _____

○ 2 _____

○ 3 _____

ADDITIONAL DAILY TO-DOS

○ _____

○ _____

○ _____

DAILY TIME BLOCK

Time	
7am	
8am	
9am	
10am	
11am	
12pm	
1pm	
2pm	
3pm	
4pm	
5pm	
Evening	
Notes	

tuesday

DATE: /   /

PRIORITY TO-DOS

○ 1 _____

○ 2 _____

○ 3 _____

ADDITIONAL DAILY TO-DOS

○ _____

○ _____

○ _____

DAILY TIME BLOCK

7am	
8am	
9am	
10am	
11am	
12pm	
1pm	
2pm	
3pm	
4pm	
5pm	
Evening	
Notes	

wednesday

DATE: ___ / ___ / ___

PRIORITY TO-DOS

◯ 1 _____
◯ 2 _____
◯ 3 _____

ADDITIONAL DAILY TO-DOS

◯ _____
◯ _____
◯ _____

DAILY TIME BLOCK

7am
8am
9am
10am
11am
12pm
1pm
2pm
3pm
4pm
5pm
Evening
Notes

thursday

DATE: ___ / ___ / ___

PRIORITY TO-DOS

○ 1 _____
○ 2 _____
○ 3 _____

ADDITIONAL DAILY TO-DOS

○ _____
○ _____
○ _____

DAILY TIME BLOCK

7am
8am
9am
10am
11am
12pm
1pm
2pm
3pm
4pm
5pm
Evening
Notes

friday

DATE: /   /

PRIORITY TO-DOS

○ 1 _____

○ 2 _____

○ 3 _____

ADDITIONAL DAILY TO-DOS

○ _____

○ _____

○ _____

DAILY TIME BLOCK

7am _____

8am _____

9am _____

10am _____

11am _____

12pm _____

1pm _____

2pm _____

3pm _____

4pm _____

5pm _____

Evening _____

Notes _____

_____

saturday

DATE: ___ / ___ / ___

EVENTS / SELF-CARE MOMENTS / TO-DOS

morning
_____
_____
_____

mid day
_____
_____
_____

evening
_____
_____
_____

sunday

DATE: ___ / ___ / ___

EVENTS / SELF-CARE MOMENTS / TO-DOS

morning
_____
_____
_____

mid day
_____
_____
_____

evening
_____
_____
_____

monthly brain-dump

SOMETIMES OUR BRAINS ARE FULL OF IDEAS, IMAGES, DREAMS, GOALS, MEMORIES, PLANS, ETC., THAT WE DON'T WANT TO FORGET BUT WE OFTEN DON'T KNOW WHERE TO KEEP. DUMP THEM, DRAW THEM, STORE THEM HERE, AND REFER BACK TO THEM AS MUCH AS YOU'D LIKE.

week ahead to-dos

LIST YOUR MOST IMPORTANT TASKS FOR THE UPCOMING WEEK THAT WILL HELP YOU SLOWLY AND INTENTIONALLY REACH YOUR MONTHLY AND ANNUAL GOALS. FLIP BACK TO "NAVIGATING THE SLOW PLANNER" FOR MY FULL GUIDE.

- ○ _____
- ○ _____
- ○ _____
- ○ _____
- ○ _____
- ○ _____
- ○ _____
- ○ _____
- ○ _____
- ○ _____
- ○ _____
- ○ _____
- ○ _____
- ○ _____
- ○ _____
- ○ _____
- ○ _____
- ○ _____
- ○ _____
- ○ _____
- ○ _____
- ○ _____
- ○ _____
- ○ _____

monday

DATE: ___ / ___ / ___

PRIORITY TO-DOS

○ 1 _____

○ 2 _____

○ 3 _____

ADDITIONAL DAILY TO-DOS

○ _____

○ _____

○ _____

DAILY TIME BLOCK

7am

8am

9am

10am

11am

12pm

1pm

2pm

3pm

4pm

5pm

Evening

Notes

tuesday

DATE: / /

PRIORITY TO-DOS

○ 1 _____
○ 2 _____
○ 3 _____

ADDITIONAL DAILY TO-DOS

○ _____
○ _____
○ _____

DAILY TIME BLOCK

7am
8am
9am
10am
11am
12pm
1pm
2pm
3pm
4pm
5pm
Evening
Notes

wednesday

DATE: /   /

PRIORITY TO-DOS

○ 1 _____
○ 2 _____
○ 3 _____

ADDITIONAL DAILY TO-DOS

○ _____
○ _____
○ _____

DAILY TIME BLOCK

7am
8am
9am
10am
11am
12pm
1pm
2pm
3pm
4pm
5pm
Evening
Notes

thursday

DATE: ___/___/___

PRIORITY TO-DOS

○ 1 _____
○ 2 _____
○ 3 _____

ADDITIONAL DAILY TO-DOS

○ _____
○ _____
○ _____

DAILY TIME BLOCK

7am
8am
9am
10am
11am
12pm
1pm
2pm
3pm
4pm
5pm
Evening
Notes

friday

DATE: /   /

PRIORITY TO-DOS

- ◯ 1 _____
- ◯ 2 _____
- ◯ 3 _____

ADDITIONAL DAILY TO-DOS

- ◯ _____
- ◯ _____
- ◯ _____

DAILY TIME BLOCK

Time	
7am	
8am	
9am	
10am	
11am	
12pm	
1pm	
2pm	
3pm	
4pm	
5pm	
Evening	
Notes	

saturday

DATE:　　/　　/

EVENTS / SELF-CARE MOMENTS / TO-DOS

morning

mid day

evening

sunday

DATE:　　/　　/

EVENTS / SELF-CARE MOMENTS / TO-DOS

morning

mid day

evening

week ahead to-dos

LIST YOUR MOST IMPORTANT TASKS FOR THE UPCOMING WEEK THAT WILL HELP YOU SLOWLY AND INTENTIONALLY REACH YOUR MONTHLY AND ANNUAL GOALS. FLIP BACK TO "NAVIGATING THE SLOW PLANNER" FOR MY FULL GUIDE.

- ○ _____
- ○ _____
- ○ _____
- ○ _____
- ○ _____
- ○ _____
- ○ _____
- ○ _____
- ○ _____
- ○ _____
- ○ _____
- ○ _____
- ○ _____
- ○ _____
- ○ _____
- ○ _____
- ○ _____
- ○ _____
- ○ _____
- ○ _____
- ○ _____
- ○ _____

monday

DATE: ___ / ___ / ___

PRIORITY TO-DOS

○ 1 _____

○ 2 _____

○ 3 _____

ADDITIONAL DAILY TO-DOS

○ _____

○ _____

○ _____

DAILY TIME BLOCK

7am _____

8am _____

9am _____

10am _____

11am _____

12pm _____

1pm _____

2pm _____

3pm _____

4pm _____

5pm _____

Evening _____

Notes _____

_____

tuesday

DATE: ___ / ___ / ___

PRIORITY TO-DOS

○ 1 _____

○ 2 _____

○ 3 _____

ADDITIONAL DAILY TO-DOS

○ _____

○ _____

○ _____

DAILY TIME BLOCK

Time	
7am	
8am	
9am	
10am	
11am	
12pm	
1pm	
2pm	
3pm	
4pm	
5pm	
Evening	
Notes	

wednesday

DATE: ___ / ___ / ___

PRIORITY TO-DOS

○ 1 _____

○ 2 _____

○ 3 _____

ADDITIONAL DAILY TO-DOS

○ _____
○ _____
○ _____

DAILY TIME BLOCK

7am
8am
9am
10am
11am
12pm
1pm
2pm
3pm
4pm
5pm
Evening
Notes

thursday

DATE: ___ / ___ / ___

PRIORITY TO-DOS

○ 1 _____
○ 2 _____
○ 3 _____

ADDITIONAL DAILY TO-DOS

○ _____
○ _____
○ _____

DAILY TIME BLOCK

7am
8am
9am
10am
11am
12pm
1pm
2pm
3pm
4pm
5pm
Evening
Notes

friday

DATE: ___ / ___ / ___

PRIORITY TO-DOS

◯ 1 _____

◯ 2 _____

◯ 3 _____

ADDITIONAL DAILY TO-DOS

◯ _____
◯ _____
◯ _____

DAILY TIME BLOCK

7am
8am
9am
10am
11am
12pm
1pm
2pm
3pm
4pm
5pm
Evening
Notes

saturday

DATE: __ / __ / __

EVENTS / SELF-CARE MOMENTS / TO-DOS

morning
_____
_____
_____

mid day
_____
_____
_____

evening
_____
_____
_____

sunday

DATE: __ / __ / __

EVENTS / SELF-CARE MOMENTS / TO-DOS

morning
_____
_____
_____

mid day
_____
_____
_____

evening
_____
_____
_____

week ahead to-dos

LIST YOUR MOST IMPORTANT TASKS FOR THE UPCOMING WEEK THAT WILL HELP YOU SLOWLY AND INTENTIONALLY REACH YOUR MONTHLY AND ANNUAL GOALS. FLIP BACK TO "NAVIGATING THE SLOW PLANNER" FOR MY FULL GUIDE.

- ○ _____
- ○ _____
- ○ _____
- ○ _____
- ○ _____
- ○ _____
- ○ _____
- ○ _____
- ○ _____
- ○ _____
- ○ _____
- ○ _____
- ○ _____
- ○ _____
- ○ _____
- ○ _____
- ○ _____
- ○ _____
- ○ _____
- ○ _____
- ○ _____
- ○ _____

monday

DATE: ___ / ___ / ___

PRIORITY TO-DOS

○ 1 _____

○ 2 _____

○ 3 _____

ADDITIONAL DAILY TO-DOS

○ _____
○ _____
○ _____

DAILY TIME BLOCK

7am
8am
9am
10am
11am
12pm
1pm
2pm
3pm
4pm
5pm
Evening
Notes

tuesday

DATE: / /

PRIORITY TO-DOS

○ 1 _____
○ 2 _____
○ 3 _____

ADDITIONAL DAILY TO-DOS

○ _____
○ _____
○ _____

DAILY TIME BLOCK

Time	
7am	
8am	
9am	
10am	
11am	
12pm	
1pm	
2pm	
3pm	
4pm	
5pm	
Evening	
Notes	

wednesday

DATE: ___ / ___ / ___

PRIORITY TO-DOS

○ 1 _____
○ 2 _____
○ 3 _____

ADDITIONAL DAILY TO-DOS

○ _____
○ _____
○ _____

DAILY TIME BLOCK

7am
8am
9am
10am
11am
12pm
1pm
2pm
3pm
4pm
5pm
Evening
Notes

thursday

DATE: / /

PRIORITY TO-DOS

○ 1 _____
○ 2 _____
○ 3 _____

ADDITIONAL DAILY TO-DOS

○ _____
○ _____
○ _____

DAILY TIME BLOCK

7am	
8am	
9am	
10am	
11am	
12pm	
1pm	
2pm	
3pm	
4pm	
5pm	
Evening	
Notes	

friday

DATE: ___ / ___ / ___

PRIORITY TO-DOS

○ 1 _____
○ 2 _____
○ 3 _____

ADDITIONAL DAILY TO-DOS

○ _____
○ _____
○ _____

DAILY TIME BLOCK

7am
8am
9am
10am
11am
12pm
1pm
2pm
3pm
4pm
5pm
Evening
Notes

saturday

DATE: / /

EVENTS / SELF-CARE MOMENTS / TO-DOS

morning

mid day

evening

sunday

DATE: / /

EVENTS / SELF-CARE MOMENTS / TO-DOS

morning

mid day

evening

week ahead to-dos

LIST YOUR MOST IMPORTANT TASKS FOR THE UPCOMING WEEK THAT WILL HELP YOU SLOWLY AND INTENTIONALLY REACH YOUR MONTHLY AND ANNUAL GOALS. FLIP BACK TO "NAVIGATING THE SLOW PLANNER" FOR MY FULL GUIDE.

○ _____
○ _____
○ _____
○ _____
○ _____
○ _____
○ _____
○ _____
○ _____
○ _____
○ _____
○ _____
○ _____
○ _____
○ _____
○ _____
○ _____
○ _____
○ _____
○ _____
○ _____
○ _____
○ _____

monday

DATE: ___ / ___ / ___

PRIORITY TO-DOS

◯ 1 _____

◯ 2 _____

◯ 3 _____

ADDITIONAL DAILY TO-DOS

◯ _____

◯ _____

◯ _____

DAILY TIME BLOCK

7am _____

8am _____

9am _____

10am _____

11am _____

12pm _____

1pm _____

2pm _____

3pm _____

4pm _____

5pm _____

Evening _____

Notes _____

_____

tuesday

DATE: ___/___/___

PRIORITY TO-DOS

○ 1 _____
○ 2 _____
○ 3 _____

ADDITIONAL DAILY TO-DOS

○ _____
○ _____
○ _____

DAILY TIME BLOCK

7am
8am
9am
10am
11am
12pm
1pm
2pm
3pm
4pm
5pm
Evening
Notes

wednesday

DATE: /   /

PRIORITY TO-DOS

○ 1 _____

○ 2 _____

○ 3 _____

ADDITIONAL DAILY TO-DOS

○ _____

○ _____

○ _____

DAILY TIME BLOCK

7am _____

8am _____

9am _____

10am _____

11am _____

12pm _____

1pm _____

2pm _____

3pm _____

4pm _____

5pm _____

Evening _____

Notes _____

thursday

DATE: ___ / ___ / ___

PRIORITY TO-DOS

○ 1 _____
○ 2 _____
○ 3 _____

ADDITIONAL DAILY TO-DOS

○ _____
○ _____
○ _____

DAILY TIME BLOCK

7am	
8am	
9am	
10am	
11am	
12pm	
1pm	
2pm	
3pm	
4pm	
5pm	
Evening	
Notes	

friday

DATE: ___ / ___ / ___

PRIORITY TO-DOS

○ 1 _____

○ 2 _____

○ 3 _____

ADDITIONAL DAILY TO-DOS

○ _____
○ _____
○ _____

DAILY TIME BLOCK

7am

8am

9am

10am

11am

12pm

1pm

2pm

3pm

4pm

5pm

Evening

Notes

saturday

DATE: /   /

EVENTS / SELF-CARE MOMENTS / TO-DOS

morning

mid day

evening

sunday

DATE: /   /

EVENTS / SELF-CARE MOMENTS / TO-DOS

morning

mid day

evening

week ahead to-dos

LIST YOUR MOST IMPORTANT TASKS FOR THE UPCOMING WEEK THAT WILL HELP YOU SLOWLY AND INTENTIONALLY REACH YOUR MONTHLY AND ANNUAL GOALS. FLIP BACK TO "NAVIGATING THE SLOW PLANNER" FOR MY FULL GUIDE.

○ _____
○ _____
○ _____
○ _____
○ _____
○ _____
○ _____
○ _____
○ _____
○ _____
○ _____
○ _____
○ _____
○ _____
○ _____
○ _____
○ _____
○ _____
○ _____
○ _____
○ _____
○ _____
○ _____

monday

DATE: ___ / ___ / ___

PRIORITY TO-DOS

○ 1 _____

○ 2 _____

○ 3 _____

ADDITIONAL DAILY TO-DOS

○ _____

○ _____

○ _____

DAILY TIME BLOCK

Time	
7am	
8am	
9am	
10am	
11am	
12pm	
1pm	
2pm	
3pm	
4pm	
5pm	
Evening	
Notes	

tuesday

DATE: ___ / ___ / ___

PRIORITY TO-DOS

○ 1 _____

○ 2 _____

○ 3 _____

ADDITIONAL DAILY TO-DOS

○ _____
○ _____
○ _____

DAILY TIME BLOCK

Time	
7am	
8am	
9am	
10am	
11am	
12pm	
1pm	
2pm	
3pm	
4pm	
5pm	
Evening	
Notes	

wednesday

DATE: ___ / ___ / ___

PRIORITY TO-DOS

◯ 1 _____
◯ 2 _____
◯ 3 _____

ADDITIONAL DAILY TO-DOS

◯ _____
◯ _____
◯ _____

DAILY TIME BLOCK

7am
8am
9am
10am
11am
12pm
1pm
2pm
3pm
4pm
5pm
Evening
Notes

thursday

DATE: ___ / ___ / ___

PRIORITY TO-DOS

○ 1 _____
○ 2 _____
○ 3 _____

ADDITIONAL DAILY TO-DOS

○ _____
○ _____
○ _____

DAILY TIME BLOCK

7am
8am
9am
10am
11am
12pm
1pm
2pm
3pm
4pm
5pm
Evening
Notes

friday

DATE: _____ / _____ / _____

PRIORITY TO-DOS

○ 1 _____
○ 2 _____
○ 3 _____

ADDITIONAL DAILY TO-DOS

○ _____
○ _____
○ _____

DAILY TIME BLOCK

7am
8am
9am
10am
11am
12pm
1pm
2pm
3pm
4pm
5pm
Evening
Notes

saturday

DATE: / /

EVENTS / SELF-CARE MOMENTS / TO-DOS

morning
_____
_____
_____

mid day
_____
_____

evening
_____
_____
_____

sunday

DATE: / /

EVENTS / SELF-CARE MOMENTS / TO-DOS

morning
_____
_____
_____

mid day
_____
_____

evening
_____
_____
_____

monthly brain-dump

SOMETIMES OUR BRAINS ARE FULL OF IDEAS, IMAGES, DREAMS, GOALS, MEMORIES, PLANS, ETC., THAT WE DON'T WANT TO FORGET BUT WE OFTEN DON'T KNOW WHERE TO KEEP. DUMP THEM, DRAW THEM, STORE THEM HERE, AND REFER BACK TO THEM AS MUCH AS YOU'D LIKE.

week ahead to-dos

LIST YOUR MOST IMPORTANT TASKS FOR THE UPCOMING WEEK THAT WILL HELP YOU SLOWLY AND INTENTIONALLY REACH YOUR MONTHLY AND ANNUAL GOALS. FLIP BACK TO "NAVIGATING THE SLOW PLANNER" FOR MY FULL GUIDE.

monday

DATE: /   /

PRIORITY TO-DOS

○ 1 _____

○ 2 _____

○ 3 _____

ADDITIONAL DAILY TO-DOS

○ _____

○ _____

○ _____

DAILY TIME BLOCK

7am	
8am	
9am	
10am	
11am	
12pm	
1pm	
2pm	
3pm	
4pm	
5pm	
Evening	
Notes	

tuesday

DATE: /   /

PRIORITY TO-DOS

○ 1 _____
○ 2 _____
○ 3 _____

ADDITIONAL DAILY TO-DOS

○ _____
○ _____
○ _____

DAILY TIME BLOCK

7am
8am
9am
10am
11am
12pm
1pm
2pm
3pm
4pm
5pm
Evening
Notes

wednesday

DATE: ___ / ___ / ___

PRIORITY TO-DOS

○ 1 _____
○ 2 _____
○ 3 _____

ADDITIONAL DAILY TO-DOS

○ _____
○ _____
○ _____

DAILY TIME BLOCK

7am
8am
9am
10am
11am
12pm
1pm
2pm
3pm
4pm
5pm
Evening
Notes

thursday

DATE: ___ / ___ / ___

PRIORITY TO-DOS

○ 1 _____
○ 2 _____
○ 3 _____

ADDITIONAL DAILY TO-DOS

○ _____
○ _____
○ _____

DAILY TIME BLOCK

Time	
7am	
8am	
9am	
10am	
11am	
12pm	
1pm	
2pm	
3pm	
4pm	
5pm	
Evening	
Notes	

friday

DATE: ___ / ___ / ___

PRIORITY TO-DOS

◯ 1 _____
◯ 2 _____
◯ 3 _____

ADDITIONAL DAILY TO-DOS

◯ _____
◯ _____
◯ _____

DAILY TIME BLOCK

7am _____
8am _____
9am _____
10am _____
11am _____
12pm _____
1pm _____
2pm _____
3pm _____
4pm _____
5pm _____
Evening _____
Notes _____

saturday

DATE: / /

EVENTS / SELF-CARE MOMENTS / TO-DOS

morning

mid day

evening

sunday

DATE: / /

EVENTS / SELF-CARE MOMENTS / TO-DOS

morning

mid day

evening

week ahead to-dos

LIST YOUR MOST IMPORTANT TASKS FOR THE UPCOMING WEEK THAT WILL HELP YOU SLOWLY AND INTENTIONALLY REACH YOUR MONTHLY AND ANNUAL GOALS. FLIP BACK TO "NAVIGATING THE SLOW PLANNER" FOR MY FULL GUIDE.

- ○ _____
- ○ _____
- ○ _____
- ○ _____
- ○ _____
- ○ _____
- ○ _____
- ○ _____
- ○ _____
- ○ _____
- ○ _____
- ○ _____
- ○ _____
- ○ _____
- ○ _____
- ○ _____
- ○ _____
- ○ _____
- ○ _____
- ○ _____
- ○ _____
- ○ _____
- ○ _____

monday

DATE: ___ / ___ / ___

PRIORITY TO-DOS

○ 1 _____

○ 2 _____

○ 3 _____

ADDITIONAL DAILY TO-DOS

○ _____

○ _____

○ _____

DAILY TIME BLOCK

7am

8am

9am

10am

11am

12pm

1pm

2pm

3pm

4pm

5pm

Evening

Notes

tuesday

DATE: /   /

PRIORITY TO-DOS

○ 1 _____
○ 2 _____
○ 3 _____

ADDITIONAL DAILY TO-DOS

○ _____
○ _____
○ _____

DAILY TIME BLOCK

7am
8am
9am
10am
11am
12pm
1pm
2pm
3pm
4pm
5pm
Evening
Notes

wednesday

DATE: ___ / ___ / ___

PRIORITY TO-DOS

○ 1 _____
○ 2 _____
○ 3 _____

ADDITIONAL DAILY TO-DOS

○ _____
○ _____
○ _____

DAILY TIME BLOCK

7am
8am
9am
10am
11am
12pm
1pm
2pm
3pm
4pm
5pm
Evening
Notes

thursday

DATE: / /

PRIORITY TO-DOS

○ 1 _____
○ 2 _____
○ 3 _____

ADDITIONAL DAILY TO-DOS

○ _____
○ _____
○ _____

DAILY TIME BLOCK

7am
8am
9am
10am
11am
12pm
1pm
2pm
3pm
4pm
5pm
Evening
Notes

friday

DATE: ___ / ___ / ___

PRIORITY TO-DOS

○ 1 _____

○ 2 _____

○ 3 _____

ADDITIONAL DAILY TO-DOS

○ _____

○ _____

○ _____

DAILY TIME BLOCK

7am _____

8am _____

9am _____

10am _____

11am _____

12pm _____

1pm _____

2pm _____

3pm _____

4pm _____

5pm _____

Evening _____

Notes _____

saturday

DATE: / /

EVENTS / SELF-CARE MOMENTS / TO-DOS

morning
_____
_____
_____

mid day
_____
_____

evening
_____
_____
_____

sunday

DATE: / /

EVENTS / SELF-CARE MOMENTS / TO-DOS

morning
_____
_____
_____

mid day
_____
_____

evening
_____
_____
_____

week ahead to-dos

LIST YOUR MOST IMPORTANT TASKS FOR THE UPCOMING WEEK THAT WILL HELP YOU SLOWLY AND INTENTIONALLY REACH YOUR MONTHLY AND ANNUAL GOALS. FLIP BACK TO "NAVIGATING THE SLOW PLANNER" FOR MY FULL GUIDE.

- ○ _____
- ○ _____
- ○ _____
- ○ _____
- ○ _____
- ○ _____
- ○ _____
- ○ _____
- ○ _____
- ○ _____
- ○ _____
- ○ _____
- ○ _____
- ○ _____
- ○ _____
- ○ _____
- ○ _____
- ○ _____
- ○ _____
- ○ _____
- ○ _____
- ○ _____
- ○ _____
- ○ _____

monday

DATE: ___ / ___ / ___

PRIORITY TO-DOS

○ 1 _____
○ 2 _____
○ 3 _____

ADDITIONAL DAILY TO-DOS

○ _____
○ _____
○ _____

DAILY TIME BLOCK

7am
8am
9am
10am
11am
12pm
1pm
2pm
3pm
4pm
5pm
Evening
Notes

tuesday

DATE: ___ / ___ / ___

PRIORITY TO-DOS

○ 1 _____
○ 2 _____
○ 3 _____

ADDITIONAL DAILY TO-DOS

○ _____
○ _____
○ _____

DAILY TIME BLOCK

7am
8am
9am
10am
11am
12pm
1pm
2pm
3pm
4pm
5pm
Evening
Notes

wednesday

DATE: ___ / ___ / ___

PRIORITY TO-DOS

◯ 1 _____
◯ 2 _____
◯ 3 _____

ADDITIONAL DAILY TO-DOS

◯ _____
◯ _____
◯ _____

DAILY TIME BLOCK

7am
8am
9am
10am
11am
12pm
1pm
2pm
3pm
4pm
5pm
Evening
Notes

thursday

DATE: /   /

PRIORITY TO-DOS

○ 1 _____
○ 2 _____
○ 3 _____

ADDITIONAL DAILY TO-DOS

○ _____
○ _____
○ _____

DAILY TIME BLOCK

7am	
8am	
9am	
10am	
11am	
12pm	
1pm	
2pm	
3pm	
4pm	
5pm	
Evening	
Notes	

friday

DATE: ___ / ___ / ___

PRIORITY TO-DOS

○ 1 _____
○ 2 _____
○ 3 _____

ADDITIONAL DAILY TO-DOS

○ _____
○ _____
○ _____

DAILY TIME BLOCK

7am
8am
9am
10am
11am
12pm
1pm
2pm
3pm
4pm
5pm
Evening
Notes

saturday

DATE: / /

EVENTS / SELF-CARE MOMENTS / TO-DOS

morning

mid day

evening

sunday

DATE: / /

EVENTS / SELF-CARE MOMENTS / TO-DOS

morning

mid day

evening

week ahead to-dos

LIST YOUR MOST IMPORTANT TASKS FOR THE UPCOMING WEEK THAT WILL HELP YOU SLOWLY AND INTENTIONALLY REACH YOUR MONTHLY AND ANNUAL GOALS. FLIP BACK TO "NAVIGATING THE SLOW PLANNER" FOR MY FULL GUIDE.

- ○ _____
- ○ _____
- ○ _____
- ○ _____
- ○ _____
- ○ _____
- ○ _____
- ○ _____
- ○ _____
- ○ _____
- ○ _____
- ○ _____
- ○ _____
- ○ _____
- ○ _____
- ○ _____
- ○ _____
- ○ _____
- ○ _____
- ○ _____
- ○ _____
- ○ _____
- ○ _____
- ○ _____

monday

DATE: ___ / ___ / ___

PRIORITY TO-DOS

◯ 1 _____

◯ 2 _____

◯ 3 _____

ADDITIONAL DAILY TO-DOS

◯ _____

◯ _____

◯ _____

DAILY TIME BLOCK

7am

8am

9am

10am

11am

12pm

1pm

2pm

3pm

4pm

5pm

Evening

Notes

tuesday

DATE: ___ / ___ / ___

PRIORITY TO-DOS

○ 1 _____
○ 2 _____
○ 3 _____

ADDITIONAL DAILY TO-DOS

○ _____
○ _____
○ _____

DAILY TIME BLOCK

7am
8am
9am
10am
11am
12pm
1pm
2pm
3pm
4pm
5pm
Evening
Notes

wednesday

DATE: ____ / ____ / ____

PRIORITY TO-DOS

◯ 1 _____
◯ 2 _____
◯ 3 _____

ADDITIONAL DAILY TO-DOS

◯ _____
◯ _____
◯ _____

DAILY TIME BLOCK

7am
8am
9am
10am
11am
12pm
1pm
2pm
3pm
4pm
5pm
Evening
Notes

thursday

DATE: / /

PRIORITY TO-DOS

○ 1 _____
○ 2 _____
○ 3 _____

ADDITIONAL DAILY TO-DOS

○ _____
○ _____
○ _____

DAILY TIME BLOCK

7am	
8am	
9am	
10am	
11am	
12pm	
1pm	
2pm	
3pm	
4pm	
5pm	
Evening	
Notes	

friday

DATE: /   /

PRIORITY TO-DOS

○ 1 _____

○ 2 _____

○ 3 _____

ADDITIONAL DAILY TO-DOS

○ _____
○ _____
○ _____

DAILY TIME BLOCK

7am

8am

9am

10am

11am

12pm

1pm

2pm

3pm

4pm

5pm

Evening

Notes

saturday

DATE: /   /

EVENTS / SELF-CARE MOMENTS / TO-DOS

morning

mid day

evening

sunday

DATE: /   /

EVENTS / SELF-CARE MOMENTS / TO-DOS

morning

mid day

evening

monthly brain-dump

SOMETIMES OUR BRAINS ARE FULL OF IDEAS, IMAGES, DREAMS, GOALS, MEMORIES, PLANS, ETC., THAT WE DON'T WANT TO FORGET BUT WE OFTEN DON'T KNOW WHERE TO KEEP. DUMP THEM, DRAW THEM, STORE THEM HERE, AND REFER BACK TO THEM AS MUCH AS YOU'D LIKE.

week ahead to-dos

LIST YOUR MOST IMPORTANT TASKS FOR THE UPCOMING WEEK THAT WILL HELP YOU SLOWLY AND INTENTIONALLY REACH YOUR MONTHLY AND ANNUAL GOALS. FLIP BACK TO "NAVIGATING THE SLOW PLANNER" FOR MY FULL GUIDE.

- ○ _____
- ○ _____
- ○ _____
- ○ _____
- ○ _____
- ○ _____
- ○ _____
- ○ _____
- ○ _____
- ○ _____
- ○ _____
- ○ _____
- ○ _____
- ○ _____
- ○ _____
- ○ _____
- ○ _____
- ○ _____
- ○ _____
- ○ _____
- ○ _____
- ○ _____

monday

DATE: ___ / ___ / ___

PRIORITY TO-DOS

○ 1 _____
○ 2 _____
○ 3 _____

ADDITIONAL DAILY TO-DOS

○ _____
○ _____
○ _____

DAILY TIME BLOCK

7am
8am
9am
10am
11am
12pm
1pm
2pm
3pm
4pm
5pm
Evening
Notes

tuesday

DATE: /   /

PRIORITY TO-DOS

○ 1 _____
○ 2 _____
○ 3 _____

ADDITIONAL DAILY TO-DOS

○ _____
○ _____
○ _____

DAILY TIME BLOCK

7am
8am
9am
10am
11am
12pm
1pm
2pm
3pm
4pm
5pm
Evening
Notes

wednesday

DATE: / /

PRIORITY TO-DOS

○ 1 _____
○ 2 _____
○ 3 _____

ADDITIONAL DAILY TO-DOS

○ _____
○ _____
○ _____

DAILY TIME BLOCK

7am
8am
9am
10am
11am
12pm
1pm
2pm
3pm
4pm
5pm
Evening
Notes

thursday

DATE: ___ / ___ / ___

PRIORITY TO-DOS

○ 1 _____

○ 2 _____

○ 3 _____

ADDITIONAL DAILY TO-DOS

○ _____

○ _____

○ _____

DAILY TIME BLOCK

7am

8am

9am

10am

11am

12pm

1pm

2pm

3pm

4pm

5pm

Evening

Notes

friday

DATE: / /

PRIORITY TO-DOS

○ 1 _____

○ 2 _____

○ 3 _____

ADDITIONAL DAILY TO-DOS

○ _____
○ _____
○ _____

DAILY TIME BLOCK

Time	
7am	
8am	
9am	
10am	
11am	
12pm	
1pm	
2pm	
3pm	
4pm	
5pm	
Evening	
Notes	

saturday

DATE: / /

EVENTS / SELF-CARE MOMENTS / TO-DOS

morning

mid day

evening

sunday

DATE: / /

EVENTS / SELF-CARE MOMENTS / TO-DOS

morning

mid day

evening

week ahead to-dos

LIST YOUR MOST IMPORTANT TASKS FOR THE UPCOMING WEEK THAT WILL HELP YOU SLOWLY AND INTENTIONALLY REACH YOUR MONTHLY AND ANNUAL GOALS. FLIP BACK TO "NAVIGATING THE SLOW PLANNER" FOR MY FULL GUIDE.

○ _____
○ _____
○ _____
○ _____
○ _____
○ _____
○ _____
○ _____
○ _____
○ _____
○ _____
○ _____
○ _____
○ _____
○ _____
○ _____
○ _____
○ _____
○ _____
○ _____
○ _____
○ _____

monday

DATE: ___ / ___ / ___

PRIORITY TO-DOS

○ 1 _____

○ 2 _____

○ 3 _____

ADDITIONAL DAILY TO-DOS

○ _____

○ _____

○ _____

DAILY TIME BLOCK

7am _____

8am _____

9am _____

10am _____

11am _____

12pm _____

1pm _____

2pm _____

3pm _____

4pm _____

5pm _____

Evening _____

Notes _____

tuesday

DATE: ___ / ___ / ___

PRIORITY TO-DOS

○ 1 _____
○ 2 _____
○ 3 _____

ADDITIONAL DAILY TO-DOS

○ _____
○ _____
○ _____

DAILY TIME BLOCK

Time	
7am	
8am	
9am	
10am	
11am	
12pm	
1pm	
2pm	
3pm	
4pm	
5pm	
Evening	
Notes	

wednesday

DATE: / /

PRIORITY TO-DOS

○ 1 _____
○ 2 _____
○ 3 _____

ADDITIONAL DAILY TO-DOS

○ _____
○ _____
○ _____

DAILY TIME BLOCK

7am
8am
9am
10am
11am
12pm
1pm
2pm
3pm
4pm
5pm
Evening
Notes

thursday

DATE: ___ / ___ / ___

PRIORITY TO-DOS

○ 1 _____
○ 2 _____
○ 3 _____

ADDITIONAL DAILY TO-DOS

○ _____
○ _____
○ _____

DAILY TIME BLOCK

7am
8am
9am
10am
11am
12pm
1pm
2pm
3pm
4pm
5pm
Evening
Notes

friday

DATE: ____ / ____ / ____

PRIORITY TO-DOS

○ 1 _____
○ 2 _____
○ 3 _____

ADDITIONAL DAILY TO-DOS

○ _____
○ _____
○ _____

DAILY TIME BLOCK

Time	
7am	
8am	
9am	
10am	
11am	
12pm	
1pm	
2pm	
3pm	
4pm	
5pm	
Evening	
Notes	

saturday

DATE: / /

EVENTS / SELF-CARE MOMENTS / TO-DOS

morning

mid day

evening

sunday

DATE: / /

EVENTS / SELF-CARE MOMENTS / TO-DOS

morning

mid day

evening

week ahead to-dos

LIST YOUR MOST IMPORTANT TASKS FOR THE UPCOMING WEEK THAT WILL HELP YOU SLOWLY AND INTENTIONALLY REACH YOUR MONTHLY AND ANNUAL GOALS. FLIP BACK TO "NAVIGATING THE SLOW PLANNER" FOR MY FULL GUIDE.

○ _____
○ _____
○ _____
○ _____
○ _____
○ _____
○ _____
○ _____
○ _____
○ _____
○ _____
○ _____
○ _____
○ _____
○ _____
○ _____
○ _____
○ _____
○ _____
○ _____
○ _____
○ _____
○ _____
○ _____

monday

DATE: ___ / ___ / ___

PRIORITY TO-DOS

○ 1 _____
○ 2 _____
○ 3 _____

ADDITIONAL DAILY TO-DOS

○ _____
○ _____
○ _____

DAILY TIME BLOCK

7am
8am
9am
10am
11am
12pm
1pm
2pm
3pm
4pm
5pm
Evening
Notes

tuesday

DATE: ___ / ___ / ___

PRIORITY TO-DOS

○ 1 _____
○ 2 _____
○ 3 _____

ADDITIONAL DAILY TO-DOS

○ _____
○ _____
○ _____

DAILY TIME BLOCK

7am
8am
9am
10am
11am
12pm
1pm
2pm
3pm
4pm
5pm
Evening
Notes

wednesday

DATE: /   /

PRIORITY TO-DOS

○ 1 _____
○ 2 _____
○ 3 _____

ADDITIONAL DAILY TO-DOS

○ _____
○ _____
○ _____

DAILY TIME BLOCK

7am
8am
9am
10am
11am
12pm
1pm
2pm
3pm
4pm
5pm
Evening
Notes

thursday

DATE: ___ / ___ / ___

PRIORITY TO-DOS

○ 1 _____
○ 2 _____
○ 3 _____

ADDITIONAL DAILY TO-DOS

○ _____
○ _____
○ _____

DAILY TIME BLOCK

7am
8am
9am
10am
11am
12pm
1pm
2pm
3pm
4pm
5pm
Evening
Notes

friday

DATE: / /

PRIORITY TO-DOS

○ 1 _____
○ 2 _____
○ 3 _____

ADDITIONAL DAILY TO-DOS

○ _____
○ _____
○ _____

DAILY TIME BLOCK

7am
8am
9am
10am
11am
12pm
1pm
2pm
3pm
4pm
5pm
Evening
Notes

saturday

DATE: / /

EVENTS / SELF-CARE MOMENTS / TO-DOS

morning

mid day

evening

sunday

DATE: / /

EVENTS / SELF-CARE MOMENTS / TO-DOS

morning

mid day

evening

week ahead to-dos

LIST YOUR MOST IMPORTANT TASKS FOR THE UPCOMING WEEK THAT WILL HELP YOU SLOWLY AND INTENTIONALLY REACH YOUR MONTHLY AND ANNUAL GOALS. FLIP BACK TO "NAVIGATING THE SLOW PLANNER" FOR MY FULL GUIDE.

○ _____
○ _____
○ _____
○ _____
○ _____
○ _____
○ _____
○ _____
○ _____
○ _____
○ _____
○ _____
○ _____
○ _____
○ _____
○ _____
○ _____
○ _____
○ _____
○ _____
○ _____
○ _____
○ _____

monday

DATE: ___ / ___ / ___

PRIORITY TO-DOS

○ 1 _____
○ 2 _____
○ 3 _____

ADDITIONAL DAILY TO-DOS

○ _____
○ _____
○ _____

DAILY TIME BLOCK

7am
8am
9am
10am
11am
12pm
1pm
2pm
3pm
4pm
5pm
Evening
Notes

tuesday

DATE: ___ / ___ / ___

PRIORITY TO-DOS

◯ 1 _____
◯ 2 _____
◯ 3 _____

ADDITIONAL DAILY TO-DOS

◯ _____
◯ _____
◯ _____

DAILY TIME BLOCK

Time	
7am	
8am	
9am	
10am	
11am	
12pm	
1pm	
2pm	
3pm	
4pm	
5pm	
Evening	
Notes	

wednesday

DATE: /   /

PRIORITY TO-DOS

○ 1 _____
○ 2 _____
○ 3 _____

ADDITIONAL DAILY TO-DOS

○ _____
○ _____
○ _____

DAILY TIME BLOCK

7am
8am
9am
10am
11am
12pm
1pm
2pm
3pm
4pm
5pm
Evening
Notes

thursday

DATE: ___ / ___ / ___

PRIORITY TO-DOS

○ 1 _____
○ 2 _____
○ 3 _____

ADDITIONAL DAILY TO-DOS

○ _____
○ _____
○ _____

DAILY TIME BLOCK

Time	
7am	
8am	
9am	
10am	
11am	
12pm	
1pm	
2pm	
3pm	
4pm	
5pm	
Evening	
Notes	

friday

DATE: ___ / ___ / ___

PRIORITY TO-DOS

○ 1 _____

○ 2 _____

○ 3 _____

ADDITIONAL DAILY TO-DOS

○ _____
○ _____
○ _____

DAILY TIME BLOCK

7am
8am
9am
10am
11am
12pm
1pm
2pm
3pm
4pm
5pm
Evening
Notes

saturday

DATE: / /

EVENTS / SELF-CARE MOMENTS / TO-DOS

morning

mid day

evening

sunday

DATE: / /

EVENTS / SELF-CARE MOMENTS / TO-DOS

morning

mid day

evening

monthly brain-dump

SOMETIMES OUR BRAINS ARE FULL OF IDEAS, IMAGES, DREAMS, GOALS, MEMORIES, PLANS, ETC., THAT WE DON'T WANT TO FORGET BUT WE OFTEN DON'T KNOW WHERE TO KEEP. DUMP THEM, DRAW THEM, STORE THEM HERE, AND REFER BACK TO THEM AS MUCH AS YOU'D LIKE.

week ahead to-dos

LIST YOUR MOST IMPORTANT TASKS FOR THE UPCOMING WEEK THAT WILL HELP YOU SLOWLY AND INTENTIONALLY REACH YOUR MONTHLY AND ANNUAL GOALS. FLIP BACK TO "NAVIGATING THE SLOW PLANNER" FOR MY FULL GUIDE.

monday

DATE: ___ / ___ / ___

PRIORITY TO-DOS

○ 1 _____

○ 2 _____

○ 3 _____

ADDITIONAL DAILY TO-DOS

○ _____

○ _____

○ _____

DAILY TIME BLOCK

7am

8am

9am

10am

11am

12pm

1pm

2pm

3pm

4pm

5pm

Evening

Notes

tuesday

DATE: ___ / ___ / ___

PRIORITY TO-DOS

○ 1 _____
○ 2 _____
○ 3 _____

ADDITIONAL DAILY TO-DOS

○ _____
○ _____
○ _____

DAILY TIME BLOCK

Time	
7am	
8am	
9am	
10am	
11am	
12pm	
1pm	
2pm	
3pm	
4pm	
5pm	
Evening	
Notes	

wednesday

DATE: ___ / ___ / ___

PRIORITY TO-DOS

○ 1 _____
○ 2 _____
○ 3 _____

ADDITIONAL DAILY TO-DOS

○ _____
○ _____
○ _____

DAILY TIME BLOCK

7am
8am
9am
10am
11am
12pm
1pm
2pm
3pm
4pm
5pm
Evening
Notes

thursday

DATE: / /

PRIORITY TO-DOS

○ 1 _____

○ 2 _____

○ 3 _____

ADDITIONAL DAILY TO-DOS

○ _____

○ _____

○ _____

DAILY TIME BLOCK

7am

8am

9am

10am

11am

12pm

1pm

2pm

3pm

4pm

5pm

Evening

Notes

friday

DATE: / /

PRIORITY TO-DOS

○ 1 _____

○ 2 _____

○ 3 _____

ADDITIONAL DAILY TO-DOS

○ _____
○ _____
○ _____

DAILY TIME BLOCK

7am
8am
9am
10am
11am
12pm
1pm
2pm
3pm
4pm
5pm
Evening
Notes

saturday

DATE: ___ / ___ / ___

EVENTS / SELF-CARE MOMENTS / TO-DOS

morning
_____
_____
_____

mid day
_____
_____
_____

evening
_____
_____
_____

sunday

DATE: ___ / ___ / ___

EVENTS / SELF-CARE MOMENTS / TO-DOS

morning
_____
_____
_____

mid day
_____
_____
_____

evening
_____
_____
_____

week ahead to-dos

LIST YOUR MOST IMPORTANT TASKS FOR THE UPCOMING WEEK THAT WILL HELP YOU SLOWLY AND INTENTIONALLY REACH YOUR MONTHLY AND ANNUAL GOALS. FLIP BACK TO "NAVIGATING THE SLOW PLANNER" FOR MY FULL GUIDE.

- ○
- ○
- ○
- ○
- ○
- ○
- ○
- ○
- ○
- ○
- ○
- ○
- ○
- ○
- ○
- ○
- ○
- ○
- ○
- ○
- ○
- ○

monday

DATE: ___ / ___ / ___

PRIORITY TO-DOS

○ 1 _____
○ 2 _____
○ 3 _____

ADDITIONAL DAILY TO-DOS

○ _____
○ _____
○ _____

DAILY TIME BLOCK

7am
8am
9am
10am
11am
12pm
1pm
2pm
3pm
4pm
5pm
Evening
Notes

tuesday

DATE: __ / __ / __

PRIORITY TO-DOS

○ 1 _____
○ 2 _____
○ 3 _____

ADDITIONAL DAILY TO-DOS

○ _____
○ _____
○ _____

DAILY TIME BLOCK

7am	
8am	
9am	
10am	
11am	
12pm	
1pm	
2pm	
3pm	
4pm	
5pm	
Evening	
Notes	

wednesday

DATE: ___ / ___ / ___

PRIORITY TO-DOS

○ 1 _____
○ 2 _____
○ 3 _____

ADDITIONAL DAILY TO-DOS

○ _____
○ _____
○ _____

DAILY TIME BLOCK

7am
8am
9am
10am
11am
12pm
1pm
2pm
3pm
4pm
5pm
Evening
Notes

thursday

DATE: ___ / ___ / ___

PRIORITY TO-DOS

○ 1 _____
○ 2 _____
○ 3 _____

ADDITIONAL DAILY TO-DOS

○ _____
○ _____
○ _____

DAILY TIME BLOCK

7am
8am
9am
10am
11am
12pm
1pm
2pm
3pm
4pm
5pm
Evening
Notes

friday

DATE: ___ / ___ / ___

PRIORITY TO-DOS

○ 1 _____

○ 2 _____

○ 3 _____

ADDITIONAL DAILY TO-DOS

○ _____
○ _____
○ _____

DAILY TIME BLOCK

Time	
7am	
8am	
9am	
10am	
11am	
12pm	
1pm	
2pm	
3pm	
4pm	
5pm	
Evening	
Notes	

saturday

DATE: / /

EVENTS / SELF-CARE MOMENTS / TO-DOS

morning
_____
_____
_____

mid day
_____
_____
_____

evening
_____
_____
_____

sunday

DATE: / /

EVENTS / SELF-CARE MOMENTS / TO-DOS

morning
_____
_____
_____

mid day
_____
_____
_____

evening
_____
_____
_____

week ahead to-dos

LIST YOUR MOST IMPORTANT TASKS FOR THE UPCOMING WEEK THAT WILL HELP YOU SLOWLY AND INTENTIONALLY REACH YOUR MONTHLY AND ANNUAL GOALS. FLIP BACK TO "NAVIGATING THE SLOW PLANNER" FOR MY FULL GUIDE.

- ○ _____
- ○ _____
- ○ _____
- ○ _____
- ○ _____
- ○ _____
- ○ _____
- ○ _____
- ○ _____
- ○ _____
- ○ _____
- ○ _____
- ○ _____
- ○ _____
- ○ _____
- ○ _____
- ○ _____
- ○ _____
- ○ _____
- ○ _____
- ○ _____
- ○ _____
- ○ _____

monday

DATE: ___ / ___ / ___

PRIORITY TO-DOS

○ 1 _____
○ 2 _____
○ 3 _____

ADDITIONAL DAILY TO-DOS

○ _____
○ _____
○ _____

DAILY TIME BLOCK

7am
8am
9am
10am
11am
12pm
1pm
2pm
3pm
4pm
5pm
Evening
Notes

tuesday

DATE: ___ / ___ / ___

PRIORITY TO-DOS

○ 1 _____

○ 2 _____

○ 3 _____

ADDITIONAL DAILY TO-DOS

○ _____
○ _____
○ _____

DAILY TIME BLOCK

Time	
7am	
8am	
9am	
10am	
11am	
12pm	
1pm	
2pm	
3pm	
4pm	
5pm	
Evening	
Notes	

wednesday

DATE: ____ / ____ / ____

PRIORITY TO-DOS

○ 1 _____
○ 2 _____
○ 3 _____

ADDITIONAL DAILY TO-DOS

○ _____
○ _____
○ _____

DAILY TIME BLOCK

7am
8am
9am
10am
11am
12pm
1pm
2pm
3pm
4pm
5pm
Evening
Notes

thursday

DATE: ___ / ___ / ___

PRIORITY TO-DOS

○ 1 _____
○ 2 _____
○ 3 _____

ADDITIONAL DAILY TO-DOS

○ _____
○ _____
○ _____

DAILY TIME BLOCK

7am
8am
9am
10am
11am
12pm
1pm
2pm
3pm
4pm
5pm
Evening
Notes

friday

DATE: ___ / ___ / ___

PRIORITY TO-DOS

○ 1 _____
○ 2 _____
○ 3 _____

ADDITIONAL DAILY TO-DOS

○ _____
○ _____
○ _____

DAILY TIME BLOCK

7am
8am
9am
10am
11am
12pm
1pm
2pm
3pm
4pm
5pm
Evening
Notes

saturday

DATE: / /

EVENTS / SELF-CARE MOMENTS / TO-DOS

morning

mid day

evening

sunday

DATE: / /

EVENTS / SELF-CARE MOMENTS / TO-DOS

morning

mid day

evening

monthly brain-dump

SOMETIMES OUR BRAINS ARE FULL OF IDEAS, IMAGES, DREAMS, GOALS, MEMORIES, PLANS, ETC., THAT WE DON'T WANT TO FORGET BUT WE OFTEN DON'T KNOW WHERE TO KEEP. DUMP THEM, DRAW THEM, STORE THEM HERE, AND REFER BACK TO THEM AS MUCH AS YOU'D LIKE.

week ahead to-dos

LIST YOUR MOST IMPORTANT TASKS FOR THE UPCOMING WEEK THAT WILL HELP YOU SLOWLY AND INTENTIONALLY REACH YOUR MONTHLY AND ANNUAL GOALS. FLIP BACK TO "NAVIGATING THE SLOW PLANNER" FOR MY FULL GUIDE.

- ○ _____
- ○ _____
- ○ _____
- ○ _____
- ○ _____
- ○ _____
- ○ _____
- ○ _____
- ○ _____
- ○ _____
- ○ _____
- ○ _____
- ○ _____
- ○ _____
- ○ _____
- ○ _____
- ○ _____
- ○ _____
- ○ _____
- ○ _____
- ○ _____
- ○ _____
- ○ _____
- ○ _____

monday

DATE: ___ / ___ / ___

PRIORITY TO-DOS

○ 1 _____
○ 2 _____
○ 3 _____

ADDITIONAL DAILY TO-DOS

○ _____
○ _____
○ _____

DAILY TIME BLOCK

7am _____
8am _____
9am _____
10am _____
11am _____
12pm _____
1pm _____
2pm _____
3pm _____
4pm _____
5pm _____
Evening _____
Notes _____

tuesday

DATE: ___ / ___ / ___

PRIORITY TO-DOS

○ 1 _____
○ 2 _____
○ 3 _____

ADDITIONAL DAILY TO-DOS

○ _____
○ _____
○ _____

DAILY TIME BLOCK

Time	
7am	
8am	
9am	
10am	
11am	
12pm	
1pm	
2pm	
3pm	
4pm	
5pm	
Evening	
Notes	

wednesday

DATE: ___ / ___ / ___

PRIORITY TO-DOS

○ 1 _____
○ 2 _____
○ 3 _____

ADDITIONAL DAILY TO-DOS

○ _____
○ _____
○ _____

DAILY TIME BLOCK

7am
8am
9am
10am
11am
12pm
1pm
2pm
3pm
4pm
5pm
Evening
Notes

thursday

DATE: ___/___/___

PRIORITY TO-DOS

○ 1 _____

○ 2 _____

○ 3 _____

ADDITIONAL DAILY TO-DOS

○ _____
○ _____
○ _____

DAILY TIME BLOCK

7am

8am

9am

10am

11am

12pm

1pm

2pm

3pm

4pm

5pm

Evening

Notes

friday

DATE: ___ / ___ / ___

PRIORITY TO-DOS

○ 1 _____
○ 2 _____
○ 3 _____

ADDITIONAL DAILY TO-DOS

○ _____
○ _____
○ _____

DAILY TIME BLOCK

Time	
7am	
8am	
9am	
10am	
11am	
12pm	
1pm	
2pm	
3pm	
4pm	
5pm	
Evening	
Notes	

saturday

DATE: / /

EVENTS / SELF-CARE MOMENTS / TO-DOS

morning

mid day

evening

sunday

DATE: / /

EVENTS / SELF-CARE MOMENTS / TO-DOS

morning

mid day

evening

week ahead to-dos

LIST YOUR MOST IMPORTANT TASKS FOR THE UPCOMING WEEK THAT WILL HELP YOU SLOWLY AND INTENTIONALLY REACH YOUR MONTHLY AND ANNUAL GOALS. FLIP BACK TO "NAVIGATING THE SLOW PLANNER" FOR MY FULL GUIDE.

○ _____
○ _____
○ _____
○ _____
○ _____
○ _____
○ _____
○ _____
○ _____
○ _____
○ _____
○ _____
○ _____
○ _____
○ _____
○ _____
○ _____
○ _____
○ _____
○ _____
○ _____
○ _____
○ _____
○ _____
○ _____

monday

DATE: ___ / ___ / ___

PRIORITY TO-DOS

○ 1 _____
○ 2 _____
○ 3 _____

ADDITIONAL DAILY TO-DOS

○ _____
○ _____
○ _____

DAILY TIME BLOCK

7am
8am
9am
10am
11am
12pm
1pm
2pm
3pm
4pm
5pm
Evening
Notes

tuesday

DATE: __ / __ / __

PRIORITY TO-DOS

○ 1 _____
○ 2 _____
○ 3 _____

ADDITIONAL DAILY TO-DOS

○ _____
○ _____
○ _____

DAILY TIME BLOCK

Time	
7am	
8am	
9am	
10am	
11am	
12pm	
1pm	
2pm	
3pm	
4pm	
5pm	
Evening	
Notes	

wednesday

DATE: /   /

PRIORITY TO-DOS

◯ 1 _____
◯ 2 _____
◯ 3 _____

ADDITIONAL DAILY TO-DOS

◯ _____
◯ _____
◯ _____

DAILY TIME BLOCK

7am
8am
9am
10am
11am
12pm
1pm
2pm
3pm
4pm
5pm
Evening
Notes

thursday

DATE: /   /

PRIORITY TO-DOS

○ 1 _____

○ 2 _____

○ 3 _____

ADDITIONAL DAILY TO-DOS

○ _____
○ _____
○ _____

DAILY TIME BLOCK

7am
8am
9am
10am
11am
12pm
1pm
2pm
3pm
4pm
5pm
Evening
Notes

{ # friday

DATE: /   /

PRIORITY TO-DOS

○ 1 _____
○ 2 _____
○ 3 _____

ADDITIONAL DAILY TO-DOS

○ _____
○ _____
○ _____

DAILY TIME BLOCK

7am
8am
9am
10am
11am
12pm
1pm
2pm
3pm
4pm
5pm
Evening
Notes

saturday

DATE: / /

EVENTS / SELF-CARE MOMENTS / TO-DOS

morning

mid day

evening

sunday

DATE: / /

EVENTS / SELF-CARE MOMENTS / TO-DOS

morning

mid day

evening

week ahead to-dos

LIST YOUR MOST IMPORTANT TASKS FOR THE UPCOMING WEEK THAT WILL HELP YOU SLOWLY AND INTENTIONALLY REACH YOUR MONTHLY AND ANNUAL GOALS. FLIP BACK TO "NAVIGATING THE SLOW PLANNER" FOR MY FULL GUIDE.

- ○ _____
- ○ _____
- ○ _____
- ○ _____
- ○ _____
- ○ _____
- ○ _____
- ○ _____
- ○ _____
- ○ _____
- ○ _____
- ○ _____
- ○ _____
- ○ _____
- ○ _____
- ○ _____
- ○ _____
- ○ _____
- ○ _____
- ○ _____
- ○ _____
- ○ _____
- ○ _____
- ○ _____

monday

DATE: ___ / ___ / ___

PRIORITY TO-DOS

○ 1 _____
○ 2 _____
○ 3 _____

ADDITIONAL DAILY TO-DOS

○ _____
○ _____
○ _____

DAILY TIME BLOCK

7am
8am
9am
10am
11am
12pm
1pm
2pm
3pm
4pm
5pm
Evening
Notes

tuesday

DATE: ___ / ___ / ___

PRIORITY TO-DOS

○ 1 _____
○ 2 _____
○ 3 _____

ADDITIONAL DAILY TO-DOS

○ _____
○ _____
○ _____

DAILY TIME BLOCK

7am
8am
9am
10am
11am
12pm
1pm
2pm
3pm
4pm
5pm
Evening
Notes

wednesday

DATE: / /

PRIORITY TO-DOS

○ 1 _____
○ 2 _____
○ 3 _____

ADDITIONAL DAILY TO-DOS

○ _____
○ _____
○ _____

DAILY TIME BLOCK

Time	
7am	
8am	
9am	
10am	
11am	
12pm	
1pm	
2pm	
3pm	
4pm	
5pm	
Evening	
Notes	

thursday

DATE: /   /

PRIORITY TO-DOS

○ 1 _____
○ 2 _____
○ 3 _____

ADDITIONAL DAILY TO-DOS

○ _____
○ _____
○ _____

DAILY TIME BLOCK

7am
8am
9am
10am
11am
12pm
1pm
2pm
3pm
4pm
5pm
Evening
Notes

friday

DATE: ___ / ___ / ___

PRIORITY TO-DOS

○ 1 _____
○ 2 _____
○ 3 _____

ADDITIONAL DAILY TO-DOS

○ _____
○ _____
○ _____

DAILY TIME BLOCK

7am
8am
9am
10am
11am
12pm
1pm
2pm
3pm
4pm
5pm
Evening
Notes

saturday

DATE: / /

EVENTS / SELF-CARE MOMENTS / TO-DOS

morning

mid day

evening

sunday

DATE: / /

EVENTS / SELF-CARE MOMENTS / TO-DOS

morning

mid day

evening

week ahead to-dos

LIST YOUR MOST IMPORTANT TASKS FOR THE UPCOMING WEEK THAT WILL HELP YOU SLOWLY AND INTENTIONALLY REACH YOUR MONTHLY AND ANNUAL GOALS. FLIP BACK TO "NAVIGATING THE SLOW PLANNER" FOR MY FULL GUIDE.

- ○ _____
- ○ _____
- ○ _____
- ○ _____
- ○ _____
- ○ _____
- ○ _____
- ○ _____
- ○ _____
- ○ _____
- ○ _____
- ○ _____
- ○ _____
- ○ _____
- ○ _____
- ○ _____
- ○ _____
- ○ _____
- ○ _____
- ○ _____
- ○ _____
- ○ _____

monday

DATE: ___ / ___ / ___

PRIORITY TO-DOS

○ 1 _____
○ 2 _____
○ 3 _____

ADDITIONAL DAILY TO-DOS

○ _____
○ _____
○ _____

DAILY TIME BLOCK

7am
8am
9am
10am
11am
12pm
1pm
2pm
3pm
4pm
5pm
Evening
Notes

tuesday

DATE: ___ / ___ / ___

PRIORITY TO-DOS

○ 1 _____
○ 2 _____
○ 3 _____

ADDITIONAL DAILY TO-DOS

○ _____
○ _____
○ _____

DAILY TIME BLOCK

7am
8am
9am
10am
11am
12pm
1pm
2pm
3pm
4pm
5pm
Evening
Notes

wednesday

DATE: ___ / ___ / ___

PRIORITY TO-DOS

○ 1 _____
○ 2 _____
○ 3 _____

ADDITIONAL DAILY TO-DOS

○ _____
○ _____
○ _____

DAILY TIME BLOCK

7am
8am
9am
10am
11am
12pm
1pm
2pm
3pm
4pm
5pm
Evening
Notes

thursday

DATE: / /

PRIORITY TO-DOS

○ 1 _____
○ 2 _____
○ 3 _____

ADDITIONAL DAILY TO-DOS

○ _____
○ _____
○ _____

DAILY TIME BLOCK

7am _____
8am _____
9am _____
10am _____
11am _____
12pm _____
1pm _____
2pm _____
3pm _____
4pm _____
5pm _____
Evening _____
Notes _____

friday

DATE: / /

PRIORITY TO-DOS

○ 1 _____

○ 2 _____

○ 3 _____

ADDITIONAL DAILY TO-DOS

○ _____
○ _____
○ _____

DAILY TIME BLOCK

7am
8am
9am
10am
11am
12pm
1pm
2pm
3pm
4pm
5pm
Evening
Notes

saturday

DATE: / /

EVENTS / SELF-CARE MOMENTS / TO-DOS

morning

mid day

evening

sunday

DATE: / /

EVENTS / SELF-CARE MOMENTS / TO-DOS

morning

mid day

evening

monthly brain-dump

SOMETIMES OUR BRAINS ARE FULL OF IDEAS, IMAGES, DREAMS, GOALS, MEMORIES, PLANS, ETC., THAT WE DON'T WANT TO FORGET BUT WE OFTEN DON'T KNOW WHERE TO KEEP. DUMP THEM, DRAW THEM, STORE THEM HERE, AND REFER BACK TO THEM AS MUCH AS YOU'D LIKE.

week ahead to-dos

LIST YOUR MOST IMPORTANT TASKS FOR THE UPCOMING WEEK THAT WILL HELP YOU SLOWLY AND INTENTIONALLY REACH YOUR MONTHLY AND ANNUAL GOALS. FLIP BACK TO "NAVIGATING THE SLOW PLANNER" FOR MY FULL GUIDE.

○ _____
○ _____
○ _____
○ _____
○ _____
○ _____
○ _____
○ _____
○ _____
○ _____
○ _____
○ _____
○ _____
○ _____
○ _____
○ _____
○ _____
○ _____
○ _____
○ _____
○ _____
○ _____

monday

DATE: ____ / ____ / ____

PRIORITY TO-DOS

○ 1 _____

○ 2 _____

○ 3 _____

ADDITIONAL DAILY TO-DOS

○ _____
○ _____
○ _____

DAILY TIME BLOCK

7am _____

8am _____

9am _____

10am _____

11am _____

12pm _____

1pm _____

2pm _____

3pm _____

4pm _____

5pm _____

Evening _____

Notes _____

tuesday

DATE: ___ / ___ / ___

PRIORITY TO-DOS

- ◯ 1 _____
- ◯ 2 _____
- ◯ 3 _____

ADDITIONAL DAILY TO-DOS

- ◯ _____
- ◯ _____
- ◯ _____

DAILY TIME BLOCK

Time	
7am	
8am	
9am	
10am	
11am	
12pm	
1pm	
2pm	
3pm	
4pm	
5pm	
Evening	
Notes	

wednesday

DATE: ___ / ___ / ___

PRIORITY TO-DOS

○ 1 _____
○ 2 _____
○ 3 _____

ADDITIONAL DAILY TO-DOS

○ _____
○ _____
○ _____

DAILY TIME BLOCK

7am
8am
9am
10am
11am
12pm
1pm
2pm
3pm
4pm
5pm
Evening
Notes

thursday

DATE: / /

PRIORITY TO-DOS

○ 1 _____
○ 2 _____
○ 3 _____

ADDITIONAL DAILY TO-DOS

○ _____
○ _____
○ _____

DAILY TIME BLOCK

7am
8am
9am
10am
11am
12pm
1pm
2pm
3pm
4pm
5pm
Evening
Notes

friday

DATE: ___ / ___ / ___

PRIORITY TO-DOS

○ 1 _____
○ 2 _____
○ 3 _____

ADDITIONAL DAILY TO-DOS

○ _____
○ _____
○ _____

DAILY TIME BLOCK

7am
8am
9am
10am
11am
12pm
1pm
2pm
3pm
4pm
5pm
Evening
Notes

saturday

DATE: /   /

EVENTS / SELF-CARE MOMENTS / TO-DOS

morning
_____
_____
_____

mid day
_____
_____
_____

evening
_____
_____
_____

sunday

DATE: /   /

EVENTS / SELF-CARE MOMENTS / TO-DOS

morning
_____
_____
_____

mid day
_____
_____
_____

evening
_____
_____
_____

week ahead to-dos

LIST YOUR MOST IMPORTANT TASKS FOR THE UPCOMING WEEK THAT WILL HELP YOU SLOWLY AND INTENTIONALLY REACH YOUR MONTHLY AND ANNUAL GOALS. FLIP BACK TO "NAVIGATING THE SLOW PLANNER" FOR MY FULL GUIDE.

- ○ _____
- ○ _____
- ○ _____
- ○ _____
- ○ _____
- ○ _____
- ○ _____
- ○ _____
- ○ _____
- ○ _____
- ○ _____
- ○ _____
- ○ _____
- ○ _____
- ○ _____
- ○ _____
- ○ _____
- ○ _____
- ○ _____
- ○ _____
- ○ _____
- ○ _____
- ○ _____

monday

DATE: ___ / ___ / ___

PRIORITY TO-DOS

○ 1 _____
○ 2 _____
○ 3 _____

ADDITIONAL DAILY TO-DOS

○ _____
○ _____
○ _____

DAILY TIME BLOCK

7am
8am
9am
10am
11am
12pm
1pm
2pm
3pm
4pm
5pm
Evening
Notes

tuesday

DATE: / /

PRIORITY TO-DOS

○ 1 _____
○ 2 _____
○ 3 _____

ADDITIONAL DAILY TO-DOS

○ _____
○ _____
○ _____

DAILY TIME BLOCK

7am	
8am	
9am	
10am	
11am	
12pm	
1pm	
2pm	
3pm	
4pm	
5pm	
Evening	
Notes	

wednesday

DATE: / /

PRIORITY TO-DOS

○ 1 _____

○ 2 _____

○ 3 _____

ADDITIONAL DAILY TO-DOS

○ _____
○ _____
○ _____

DAILY TIME BLOCK

7am

8am

9am

10am

11am

12pm

1pm

2pm

3pm

4pm

5pm

Evening

Notes

thursday

DATE: / /

PRIORITY TO-DOS

○ 1 _____
○ 2 _____
○ 3 _____

ADDITIONAL DAILY TO-DOS

○ _____
○ _____
○ _____

DAILY TIME BLOCK

7am
8am
9am
10am
11am
12pm
1pm
2pm
3pm
4pm
5pm
Evening
Notes

friday

DATE: / /

PRIORITY TO-DOS

○ 1 _____
○ 2 _____
○ 3 _____

ADDITIONAL DAILY TO-DOS

○ _____
○ _____
○ _____

DAILY TIME BLOCK

7am
8am
9am
10am
11am
12pm
1pm
2pm
3pm
4pm
5pm
Evening
Notes

saturday

DATE: / /

EVENTS / SELF-CARE MOMENTS / TO-DOS

morning
_____
_____
_____

mid day
_____
_____
_____

evening
_____
_____
_____

sunday

DATE: / /

EVENTS / SELF-CARE MOMENTS / TO-DOS

morning
_____
_____
_____

mid day
_____
_____
_____

evening
_____
_____
_____

week ahead to-dos

LIST YOUR MOST IMPORTANT TASKS FOR THE UPCOMING WEEK THAT WILL HELP YOU SLOWLY AND INTENTIONALLY REACH YOUR MONTHLY AND ANNUAL GOALS. FLIP BACK TO "NAVIGATING THE SLOW PLANNER" FOR MY FULL GUIDE.

○ _____
○ _____
○ _____
○ _____
○ _____
○ _____
○ _____
○ _____
○ _____
○ _____
○ _____
○ _____
○ _____
○ _____
○ _____
○ _____
○ _____
○ _____
○ _____
○ _____
○ _____
○ _____
○ _____

monday

DATE: ___ / ___ / ___

PRIORITY TO-DOS

○ 1 _____
○ 2 _____
○ 3 _____

ADDITIONAL DAILY TO-DOS

○ _____
○ _____
○ _____

DAILY TIME BLOCK

7am
8am
9am
10am
11am
12pm
1pm
2pm
3pm
4pm
5pm
Evening
Notes

tuesday

DATE: /   /

PRIORITY TO-DOS

- ◯ 1 _____
- ◯ 2 _____
- ◯ 3 _____

ADDITIONAL DAILY TO-DOS

- ◯ _____
- ◯ _____
- ◯ _____

DAILY TIME BLOCK

Time	
7am	
8am	
9am	
10am	
11am	
12pm	
1pm	
2pm	
3pm	
4pm	
5pm	
Evening	
Notes	

wednesday

DATE: /   /

PRIORITY TO-DOS

○ 1 _____
○ 2 _____
○ 3 _____

ADDITIONAL DAILY TO-DOS

○ _____
○ _____
○ _____

DAILY TIME BLOCK

7am
8am
9am
10am
11am
12pm
1pm
2pm
3pm
4pm
5pm
Evening
Notes

thursday

DATE: / /

PRIORITY TO-DOS

○ 1 _____

○ 2 _____

○ 3 _____

ADDITIONAL DAILY TO-DOS

○ _____

○ _____

○ _____

DAILY TIME BLOCK

Time	
7am	
8am	
9am	
10am	
11am	
12pm	
1pm	
2pm	
3pm	
4pm	
5pm	
Evening	
Notes	

friday

DATE: ___ / ___ / ___

PRIORITY TO-DOS

◯ 1 _____
◯ 2 _____
◯ 3 _____

ADDITIONAL DAILY TO-DOS

◯ _____
◯ _____
◯ _____

DAILY TIME BLOCK

Time	
7am	
8am	
9am	
10am	
11am	
12pm	
1pm	
2pm	
3pm	
4pm	
5pm	
Evening	
Notes	

saturday

DATE: / /

EVENTS / SELF-CARE MOMENTS / TO-DOS

morning

mid day

evening

sunday

DATE: / /

EVENTS / SELF-CARE MOMENTS / TO-DOS

morning

mid day

evening

week ahead to-dos

LIST YOUR MOST IMPORTANT TASKS FOR THE UPCOMING WEEK THAT WILL HELP YOU SLOWLY AND INTENTIONALLY REACH YOUR MONTHLY AND ANNUAL GOALS. FLIP BACK TO "NAVIGATING THE SLOW PLANNER" FOR MY FULL GUIDE.

- ○ _____
- ○ _____
- ○ _____
- ○ _____
- ○ _____
- ○ _____
- ○ _____
- ○ _____
- ○ _____
- ○ _____
- ○ _____
- ○ _____
- ○ _____
- ○ _____
- ○ _____
- ○ _____
- ○ _____
- ○ _____
- ○ _____
- ○ _____
- ○ _____
- ○ _____
- ○ _____

monday

DATE: ___ / ___ / ___

PRIORITY TO-DOS

○ 1 _____
○ 2 _____
○ 3 _____

ADDITIONAL DAILY TO-DOS

○ _____
○ _____
○ _____

DAILY TIME BLOCK

7am
8am
9am
10am
11am
12pm
1pm
2pm
3pm
4pm
5pm
Evening
Notes

tuesday

DATE: ___ / ___ / ___

PRIORITY TO-DOS

○ 1 _____
○ 2 _____
○ 3 _____

ADDITIONAL DAILY TO-DOS

○ _____
○ _____
○ _____

DAILY TIME BLOCK

7am
8am
9am
10am
11am
12pm
1pm
2pm
3pm
4pm
5pm
Evening
Notes

wednesday

DATE: /   /

PRIORITY TO-DOS

○ 1 _____
○ 2 _____
○ 3 _____

ADDITIONAL DAILY TO-DOS

○ _____
○ _____
○ _____

DAILY TIME BLOCK

7am
8am
9am
10am
11am
12pm
1pm
2pm
3pm
4pm
5pm
Evening
Notes

thursday

DATE: ___ / ___ / ___

PRIORITY TO-DOS

○ 1 _____
○ 2 _____
○ 3 _____

ADDITIONAL DAILY TO-DOS

○ _____
○ _____
○ _____

DAILY TIME BLOCK

7am
8am
9am
10am
11am
12pm
1pm
2pm
3pm
4pm
5pm
Evening
Notes

friday

DATE: /   /

PRIORITY TO-DOS

○ 1 _____

○ 2 _____

○ 3 _____

ADDITIONAL DAILY TO-DOS

○ _____

○ _____

○ _____

DAILY TIME BLOCK

7am

8am

9am

10am

11am

12pm

1pm

2pm

3pm

4pm

5pm

Evening

Notes

saturday

DATE: __ / __ / __

EVENTS / SELF-CARE MOMENTS / TO-DOS

morning
_____
_____

mid day
_____
_____

evening
_____
_____

sunday

DATE: __ / __ / __

EVENTS / SELF-CARE MOMENTS / TO-DOS

morning
_____
_____

mid day
_____
_____

evening
_____
_____

week ahead to-dos

LIST YOUR MOST IMPORTANT TASKS FOR THE UPCOMING WEEK THAT WILL HELP YOU SLOWLY AND INTENTIONALLY REACH YOUR MONTHLY AND ANNUAL GOALS. FLIP BACK TO "NAVIGATING THE SLOW PLANNER" FOR MY FULL GUIDE.

- ○ _____
- ○ _____
- ○ _____
- ○ _____
- ○ _____
- ○ _____
- ○ _____
- ○ _____
- ○ _____
- ○ _____
- ○ _____
- ○ _____
- ○ _____
- ○ _____
- ○ _____
- ○ _____
- ○ _____
- ○ _____
- ○ _____
- ○ _____
- ○ _____
- ○ _____
- ○ _____
- ○ _____

monday

DATE: ___ / ___ / ___

PRIORITY TO-DOS

○ 1 _____
○ 2 _____
○ 3 _____

ADDITIONAL DAILY TO-DOS

○ _____
○ _____
○ _____

DAILY TIME BLOCK

Time	
7am	
8am	
9am	
10am	
11am	
12pm	
1pm	
2pm	
3pm	
4pm	
5pm	
Evening	
Notes	

tuesday

DATE: ___ / ___ / ___

PRIORITY TO-DOS

○ 1 _____

○ 2 _____

○ 3 _____

ADDITIONAL DAILY TO-DOS

○ _____
○ _____
○ _____

DAILY TIME BLOCK

Time	
7am	
8am	
9am	
10am	
11am	
12pm	
1pm	
2pm	
3pm	
4pm	
5pm	
Evening	
Notes	

wednesday

DATE: ___ / ___ / ___

PRIORITY TO-DOS

○ 1 _____
○ 2 _____
○ 3 _____

ADDITIONAL DAILY TO-DOS

○ _____
○ _____
○ _____

DAILY TIME BLOCK

7am
8am
9am
10am
11am
12pm
1pm
2pm
3pm
4pm
5pm
Evening
Notes

thursday

DATE: /   /

PRIORITY TO-DOS

○ 1 _____

○ 2 _____

○ 3 _____

ADDITIONAL DAILY TO-DOS

○ _____

○ _____

○ _____

DAILY TIME BLOCK

7am

8am

9am

10am

11am

12pm

1pm

2pm

3pm

4pm

5pm

Evening

Notes

friday

DATE: / /

PRIORITY TO-DOS

○ 1 _____

○ 2 _____

○ 3 _____

ADDITIONAL DAILY TO-DOS

○ _____
○ _____
○ _____

DAILY TIME BLOCK

Time	
7am	
8am	
9am	
10am	
11am	
12pm	
1pm	
2pm	
3pm	
4pm	
5pm	
Evening	
Notes	

saturday

DATE: / /

EVENTS / SELF-CARE MOMENTS / TO-DOS

morning

mid day

evening

sunday

DATE: / /

EVENTS / SELF-CARE MOMENTS / TO-DOS

morning

mid day

evening

monthly brain-dump

SOMETIMES OUR BRAINS ARE FULL OF IDEAS, IMAGES, DREAMS, GOALS, MEMORIES, PLANS, ETC., THAT WE DON'T WANT TO FORGET BUT WE OFTEN DON'T KNOW WHERE TO KEEP. DUMP THEM, DRAW THEM, STORE THEM HERE, AND REFER BACK TO THEM AS MUCH AS YOU'D LIKE.

week ahead to-dos

LIST YOUR MOST IMPORTANT TASKS FOR THE UPCOMING WEEK THAT WILL HELP YOU SLOWLY AND INTENTIONALLY REACH YOUR MONTHLY AND ANNUAL GOALS. FLIP BACK TO "NAVIGATING THE SLOW PLANNER" FOR MY FULL GUIDE.

- ○ _____
- ○ _____
- ○ _____
- ○ _____
- ○ _____
- ○ _____
- ○ _____
- ○ _____
- ○ _____
- ○ _____
- ○ _____
- ○ _____
- ○ _____
- ○ _____
- ○ _____
- ○ _____
- ○ _____
- ○ _____
- ○ _____
- ○ _____
- ○ _____
- ○ _____
- ○ _____

monday

DATE: ___ / ___ / ___

PRIORITY TO-DOS

○ 1 _____

○ 2 _____

○ 3 _____

ADDITIONAL DAILY TO-DOS

○ _____
○ _____
○ _____

DAILY TIME BLOCK

7am

8am

9am

10am

11am

12pm

1pm

2pm

3pm

4pm

5pm

Evening

Notes

tuesday

DATE: /   /

PRIORITY TO-DOS

○ 1 _____

○ 2 _____

○ 3 _____

ADDITIONAL DAILY TO-DOS

○ _____
○ _____
○ _____

DAILY TIME BLOCK

7am
8am
9am
10am
11am
12pm
1pm
2pm
3pm
4pm
5pm
Evening
Notes

wednesday

DATE: ___ / ___ / ___

PRIORITY TO-DOS

○ 1 _____

○ 2 _____

○ 3 _____

ADDITIONAL DAILY TO-DOS

○ _____
○ _____
○ _____

DAILY TIME BLOCK

7am
8am
9am
10am
11am
12pm
1pm
2pm
3pm
4pm
5pm
Evening
Notes

thursday

DATE: /   /

PRIORITY TO-DOS

○ 1 _____

○ 2 _____

○ 3 _____

ADDITIONAL DAILY TO-DOS

○ _____
○ _____
○ _____

DAILY TIME BLOCK

Time	
7am	
8am	
9am	
10am	
11am	
12pm	
1pm	
2pm	
3pm	
4pm	
5pm	
Evening	
Notes	

friday

DATE: ___ / ___ / ___

PRIORITY TO-DOS

○ 1 _____
○ 2 _____
○ 3 _____

ADDITIONAL DAILY TO-DOS

○ _____
○ _____
○ _____

DAILY TIME BLOCK

7am
8am
9am
10am
11am
12pm
1pm
2pm
3pm
4pm
5pm
Evening
Notes

saturday

DATE: /   /

EVENTS / SELF-CARE MOMENTS / TO-DOS

morning

mid day

evening

sunday

DATE: /   /

EVENTS / SELF-CARE MOMENTS / TO-DOS

morning

mid day

evening

week ahead to-dos

LIST YOUR MOST IMPORTANT TASKS FOR THE UPCOMING WEEK THAT WILL HELP YOU SLOWLY AND INTENTIONALLY REACH YOUR MONTHLY AND ANNUAL GOALS. FLIP BACK TO "NAVIGATING THE SLOW PLANNER" FOR MY FULL GUIDE.

○ _____
○ _____
○ _____
○ _____
○ _____
○ _____
○ _____
○ _____
○ _____
○ _____
○ _____
○ _____
○ _____
○ _____
○ _____
○ _____
○ _____
○ _____
○ _____
○ _____
○ _____
○ _____
○ _____

about the author

Hayley Besheer Santell lives and works in the heart of America – Kansas City, Missouri – with her husband, red doberman and a cat named kitten. She has been a practicing artist for over fifteen years, with dual degrees in Fine Arts and Journalism from the University of Missouri and continuing education from Florence University of the Arts.

In 2013, she founded MADI Apparel – an ethical basics brand that pays living wages, sources eco conscious fabrics and donates a pair of biodegradable underwear for every item sold. Her work as a sustainable designer and MADI Apparel's ethical production processes have been featured in Forbes, NY Mag, Huff Post, BBC News, Nylon, Men's Journal, Brides, The Knot, Washington Post and more.

Today, Santell continues to marry her passions for sustainable art and fashion. Her sensory brick-and-mortar and online concept Slow Motion Goods is a sanctuary for consciously exploring, connecting and consuming, intended to mindfully slow you down. In 2024, MADI Apparel officially evolved into Slow Motion Goods — on a mission to inspire reconnection with self, community and earth for building more impactful and meaningful lives. The store carries only ethically made and reclaimed goods, plus curates experiential elements of sound, smell and taste for a full body re-awakening. Santell leads sustainable (re)painting workshops and offers consulting programming plus soon a series of "how to" books for entrepreneurs wanting to launch or evolve their own line of ethical fashion or art.

Connect with her: hayleysantell@linktree.com
Join the Slow Motion community: slowmotiongoods.com

Santell's best selling self-designed and self-published debut coffee table book was the number one new release under the Fashion and Textile category, plus top ten overall best seller in three categories during the first few weeks of launch. You can find it through Amazon, Barnes and Noble, Target, Walmart and in local independent bookstores all over the U.S. Stay tuned for another release in 2024.

www.ingramcontent.com/pod-product-compliance
Lightning Source LLC
Chambersburg PA
CBHW020654060526
44119CB00069B/65